Contar historias

Contar historias

Escritura creativa en el aula

Gabriela Polit Dueñas, Editora

The Department of Spanish and Portuguese
The University of Texas at Austin

Distributed by Tower Books
An Imprint of the University of Texas Press

Requests for permission to reproduce material from this work
should be sent to:
Permissions
University of Texas Press
P.O. Box 7819
Austin, TX 78713-7819
utpress.utexas.edu/rp-form

♾ The paper used in this book meets the minimum requirements of
ANSI/NISO Z39.48-1992 (R1997) (Permanence of Paper).

LIBRARY OF CONGRESS CATALOGING-IN-PUBLICATION DATA
Names: Polit Dueñas, Gabriela, editor. | University of Texas at Austin.
Department of Spanish and Portuguese, issuing body.
Title: Contar historias : escritura creativa en el aula / Gabriela Polit Dueñas,
editora.
Other titles: Telling stories : creative writing in the classroom
Description: First edition. | Austin : University of Texas Press, 2023. | "The
Department of Spanish and Portuguese, The University of Texas at Austin."
Identifiers: LCCN 2022011430 (print) | LCCN 2022011431 (ebook)
ISBN 978-1-4773-2682-4 (paperback ; alk. paper)
ISBN 978-1-4773-2683-1 (pdf)
ISBN 978-1-4773-2684-8 (epub)
Subjects: LCSH: College students' writings, Hispanic American (Spanish)—
Texas—Austin. | College students' writings—Texas—Austin. | University of
Texas at Austin. Department of Spanish and Portuguese. | Creative nonfiction,
Spanish. | Spanish essays. | LCGFT: Essays.
Classification: LCC PQ7078 .C66 2023 (print) | LCC PQ7078 (ebook) | DDC
864/.70809764—dc23/eng/20221004
LC record available at https://lccn.loc.gov/2022011430
LC ebook record available at https://lccn.loc.gov/2022011431

doi:10.7560/326824

Índice

Odiseas y fantasías del retorno

Fronteras internas

El cuerpo y los trabajos presenciales

El oficio de la escucha

Campo y ciudad: ficción de las dos caras de América Latina

Introducción

Una Ítaca en Texas

UNA MAÑANA, durante los primeros meses de encierro, observé perpleja los estantes de la biblioteca en casa. Buscaba un libro que diera sentido a la zozobra, una historia absoluta que transmitiera la sensación de contenernos a todxs; porque eso que pasaba en casa, en las calles vacías del barrio, en la universidad desolada, en la ciudad silenciosa, en el país paralizado, sucedía en el mundo entero. En ese momento no tenía cabeza para leer una novela sobre lo que apenas había quedado atrás del 13 de marzo de 2020, cuando la ciudad de Austin se cerró. Ese mundo me parecía demasiado distante, abstracto, superficial incluso.

Aunque entonces era apenas una intuición, el libro que buscaba tenía que unirme con la estirpe humana, hablarme desde un lugar remoto de una sociedad distinta a ésta y, a la vez, resultarme familiar. No importaba si en la lectura reconocía el paisaje o la manera de concebir el tiempo, pero sí que la sintaxis y sus sonidos me resultaran extraños. Para todo lo demás, estaban los diarios. Visto desde el presente, buscaba leer algo para recuperar la confianza en que las palabras nos siguen definiendo como humanxs.

Hasta ese momento no había leído a Homero, no completo. Entonces lo hice, y en inglés, porque las versiones que tengo en casa de *La Ilíada* y *La Odisea* son las que compré a mis hijos para sus clases en la secundaria; ediciones modernas, con magníficas traducciones del griego y profusos comentarios al texto.

Confieso que me divertí muchísimo con los pasajes que ya conocía por referencias literarias y que, además, leer a Homero en un idioma que no es el suyo ni el mío me confirmaba que toda universalidad es relativa y que habitamos las lenguas en procesos y en traslados. En la lectura recorremos con toda libertad territorios geográficos, históricos e imaginarios, en un desplazamiento —por mares, desiertos, emociones— que no conoce fronteras. Me convertí en un personaje borgiano incursionando en universos hechos de palabras, habitados por miles y miles de ávidxs lectores y lectoras de varias generaciones, de todos los siglos, de todas las épocas, de geografías y tendencias ideológicas diversas, de muchas creencias religiosas, hablantes de muchas lenguas, gente con distintas filosofías e intereses muy ajenos a los míos. A la vez, tenía plena conciencia de que mi lectura era una experiencia iniciática y única. La amplitud histórica y literaria de esas referencias operó en mí como un antídoto contra la zozobra universal a la que nos sometió el COVID-19.

Habría podido reescribir muchos pasajes de Homero con pocas variaciones, menos éste: después de que Ulises mata a los pretendientes de Penélope, quienes habían invadido su palacio para apoderarse de él; nuestro héroe —al cabo de veinte años de ausencia, diez de guerra y diez de retorno; dos épicas distintas en tiempo literario— regresa en busca de su esposa. Su fiel nodriza, Eurínome, lo reconoce por una cicatriz en la pierna. Le saca los trapos de pordiosero con los que Atenas lo había vestido para despistar al enemigo, lo lava, unta su cuerpo con aceite y lo cubre con una túnica y la capa real. Ulises se presenta ante su esposa como un rey. Pero

Penélope no se doblega ante la evidencia física de su regreso. Verlo no le es suficiente. Tampoco la conmueve la cicatriz en la pierna de su esposo. No es que no lo reconozca, es que Penélope sabe que esas marcas físicas están en la superficie.

Para preparar su aposento, todavía con una actitud distante, Penélope pide a la sirvienta que mueva la cama de su recámara y que extienda ahí las mantas que abrigarán al guerrero. Ulises la escucha y entiende que su esposa lo ha puesto a prueba. Reacciona con furia, y sabe que tiene que contar su historia. A menos que un dios ayude en persona, exclama, ningún ser humano puede mover la cama de su lugar. No hay marca en la construcción, nada señala lo que la sostiene.

Había ahí un frondoso olivo que estaba en la plenitud de su vida. Con una azuela de bronce, el joven Ulises había cortado la corona de aquel árbol, y dejó que el tronco desnudo y redondo fuera la columna de su cama matrimonial. Ese tronco fue también la ancha columna alrededor de la que él mismo construyó aquella habitación. Terminó las paredes con piedra, puso techo y puertas; añadió acabados de marfil, oro y plata y unas correas rojas de cuero de buey. Lo hizo todo de principio a fin y nadie más que Penélope fue su testigo. Ése es nuestro secreto, le dice en tono implorante, la historia de nuestra vida en común, la de nuestra intimidad. Solo después de escucharlo, a Penélope le tiemblan las rodillas. En esa historia su Ulises se había revelado.

Esa maravillosa sección de *La Odisea* se abrió ante mis ojos mientras trabajaba en las narrativas de mis estudiantes de escritura creativa. Ellxs son Ulises llegados desde distintos lugares del globo y diversos territorios lingüísticos, Ulises con experiencias intensas, Ulises que sortearon enormes adversidades, Ulises que combatieron monstruos en su camino y llegaron a los talleres y a las clases de escritura creativa con ganas de contar. Ulises que luchan con furia para ser reconocidos. Al trabajar en estas historias, entendimos juntxs la importancia de conocer nuestras diferencias y la necesidad de entender nuestras semejanzas.

Las voces frescas de estas historias nos ayudan a comprender mejor el mundo que habitamos y, de manera muy particular, a quienes somos maestrxs, nos informan acerca de nuestros continuos retos. En este libro, ellxs son protagonistas de sus narrativas: objeto y sujeto literario en la vida, en la lectura, en la escritura. El español alberga su creatividad, su talento, su búsqueda: es su voz. *Contar historias* se convierte en la celebración de una comunidad que comparte un español-territorio, un español-habla, un español-escucha, un español-escritura. El español es nuestra Ítaca en Texas. Es un lugar al que todxs volvemos y en el que, día a día, construimos una identidad común.

⁓

En el otoño del 2019, impartí mi primera clase de Escritura Creativa en español a estudiantes de pregrado. El principio que guio el diseño de ese curso —y el resto de los que siguieron— fue entender la manera en que el *yo* opera como una herramienta gramatical que permite dar cuenta de una realidad más amplia. Lxs estudiantes aprendieron nuevos criterios para hacer suya la útil —pero arbitraria— escritura en primera persona, y se convirtieron en protagonistas, autores y autoras de sus propias épicas. El proceso fue una experiencia nueva.

El Departamento de Español y Portugués es un espacio académico donde se enseña la lectura crítica y la investigación cultural y lingüística; donde se generan diálogos en los que prevalece el interés por ampliar tanto el horizonte de conocimiento y comprensión de las culturas que hacen América Latina, el Caribe, Brasil y la península ibérica y sus diásporas, como la búsqueda por encontrar causas y explicaciones a los fenómenos lingüísticos, sociales, culturales y políticos de estas regiones. En ese espacio académico se discuten los trabajos creativos de otrxs, pero hasta ese otoño no se había dictado, de manera formal, un curso completo en el que lxs estudiantes eran creadorxs de su propia historia, usando las herramientas lingüísticas y culturales del español.

Reconocer el potencial creativo de este idioma en el ámbito académico —con estudiantes que vienen de distintos mundos— fue abrir las puertas a otra manera de generar a la creación de objetos culturales y un espacio crítico. Principalmente, fue confirmar que esta lengua diversa, incluyente y con una amplia posibilidad de búsqueda de identidades, tiene una convocatoria enorme y una presencia importante en este lugar del mapa. Es una lengua en movimiento en la que escriben, piensan, viven, leen, experimentan, sufren y celebran estudiantes que la heredaron de sus padres y abuelas, pero en la que nunca escribieron; estudiantes que la aprendieron desde la escuela y la consideran su segunda lengua; estudiantes para quienes es la tercera o cuarta lengua y decidieron aprenderla porque —después del inglés— es la más hablada en el lugar donde viven; también estudiantes que son hablantes nativxs.

Mientras más se extendía el círculo de escritorxs, más grande era el reto. Había que demostrar a todxs —colegas, estudiantes, lectorxs— que abrir las puertas a la escritura creativa en español es una poderosa manera de conquistar el conocimiento: nuestro archipiélago. Lograrlo ha sido una odisea. Este libro es la prueba concreta de que, como todas, el español es una lengua vibrante, experimental, viva y en proceso. Eso es lo que nos muestran lxs autorxs y lo confirman ustedes, generosxs lectorxs.

En esa primera etapa, con la ayuda de Anna Land, las historias escritas a lo largo del semestre se publicaron en una página web (https://writingcreativenonfictionutorg.wordpress.com) donde lxs estudiantes probaron que la aventura fue exitosa. Cada historia habla por sí misma y no requiere mayor explicación.

En la primavera del 2020, el seminario graduado de Escritura Creativa se vio interrumpido por la pandemia. El curso se convirtió en un soporte en medio del aislamiento. Mantuvimos nuestra pequeña comunidad, preservamos el espacio creativo y eso dio algún sentido al absurdo al que nos había volcado el COVID-19. Esas tardes de los martes interrumpieron la sensación de que todos los días eran iguales y se repetían sin matices, como se le repitieron los lunes a José Arcadio Buendía en *Cien años de soledad*, poco antes de su muerte.

En el otoño del 2020, a sabiendas de que las clases serían virtuales, empezamos la nueva aventura y sucedió lo mismo. El espacio de creatividad comunitaria fue un ancla. Lxs estudiantes empezaron a contar sus historias personales en una lengua que, para la mayoría, no era la materna. Y si lo era, no se sentían cómodxs escribiendo en ella. Aceptaron el reto de pensarse y sentirse en otra lengua, y eso lxs ayudó a buscar, de manera más íntima, lo que querían decir. Compartir esa pluralidad de formas del español en un espacio de creatividad, con la música de todos esos bagajes lingüísticos, nos dio una sensación de alivio. Así me lo expresaron ellxs. Atravesábamos por situaciones difíciles debido al COVID-19 y nuestros encuentros en Zoom fueron más significativos. Al mismo tiempo, la creatividad cobró una intensidad particular.

Durante el primer año de la pandemia —sacando ventaja de esas situaciones que Zoom nos ha permitido—, organicé dos talleres con el auspicio del Teresa Lozano Long Institute for Latin American Studies (LLILAS) y el Departamento de Estado TITLE VI. En el otoño invité a la periodista mexicana Daniela Rea a impartir un taller de escritura de no ficción. A ella los talleres le reclamaban, una vez más en el día, mantener ese difícil equilibrio entre el trabajo y las horas en las que usualmente madres y padres están con lxs niñxs. Esa situación permeó de manera divertida en los talleres, cuando sus hijas hablaban con Daniela como si nosotrxs fuéramos intrusxs. Los encuentros se llevaron a cabo los jueves durante tres semanas y cada uno duró un poco más de dos horas. De los textos que ahí se trabajaron, escogimos el de Fátima Valdivia para que apareciera en la revista *Portal* —publicación anual de LLILAS-Benson—, con el interés de dar a conocer lo que hacemos en la Iniciativa de Escritura Creativa en Español.

Durante la primavera, invité a la escritora argentina Gabriela Cabezón Cámara, quien recientemente había sido finalista para el Man Booker Prize, a impartir un taller de escritura creativa. Los talleres se llevaron a cabo los jueves durante tres semanas y se extendieron por casi cuatro horas cada uno. Para Gabriela

—quien tenía un huso horario distinto al nuestro— significó trabajar con mucha generosidad, hasta medianoche.

Después de estas experiencias era necesaria una publicación física: un libro cuyo papel pudiéramos oler, marcar en los márgenes; un libro para regalar a la gente que queremos y para que lo leyeran todxs, no solo quienes pueden buscar un enlace en la computadora. Éste es un libro para las abuelitas que se sentirán felices de ver el nombre de su nieto o nieta en letra de molde; uno para padres y madres, hermanxs, amigxs. Un libro para mostrar a las futuras generaciones de estudiantes de la Universidad de Texas en Austin, y de otras universidades del país, que el español es una lengua en la que pueden crear y expresarse porque éstas son formas importantes de habitar una cultura y una lengua.

Tienen en sus manos historias íntimas, aunque ninguna se hizo en solitario. Si bien la escritura aconteció en el escritorio o en la cama del dormitorio frente a la computadora o en un sillón en la sala de casa, el proceso por el que cada texto se perfeccionó fue colectivo. Las historias las escribimos juntxs. Nada supera esta experiencia de aprendizaje.

En las varias revisiones de las historias —las que hicimos en clase, las que hice yo y a su vez Nancy Warrington y Judith Santopietro—, decidimos solo cambiar lo estrictamente necesario; es decir, corregir formas gramaticales que no se comprendían bien. En la mayor parte de los casos, preservamos las expresiones idiosincráticas de lxs autorxs, el *spanglish*, el *code-switching* y todas las palabras que dan un tono muy especial al bagaje lingüístico de cada autorx. Esa música no la quisimos borrar. Queremos mostrar la lengua en movimiento. Hay diálogos que se desarrollan en inglés, pero preservamos la puntuación del español porque ese es el contexto en el que se escriben y para dar consistencia al manuscrito.

El libro está dividido de acuerdo a temas. En la sección "Mujeres que conquistan la educación", Krisly Osegueda, Maritza Inés Ramírez, Jeanne Muhoza y Myrnalejandra Canales-Gutiérrez escriben acerca de sus experiencias en el sistema educativo de este país y su paso por la universidad. Para algunxs lectorxs, estas historias resultarán familiares, incluso serán un eco de sus propias vidas. Krisly, en su testimonio narrado en tercera persona acerca de las limitaciones de los programas de ESL (English as a Second Language) en las escuelas públicas, nos muestra lo que sucede con muchxs niñxs destinadxs al fracaso por un sistema que no les permite progresar en este país. La honestidad rotunda de Maritza deja ver el costo de las exigencias que viven lxs estudiantes de primera generación; pues la mayor parte del tiempo es invisible ante nuestros ojos cómo esta experiencia afecta su salud mental. Jeanne y Myrnalejandra se adentran en las situaciones cotidianas que implica escoger una especialización, o buscar caminos para entrar en la escuela graduada cuando no se tiene un capital cultural que las prepare para dar esos pasos.

La sección "Un mundo que se nos va" aborda el cambio climático: Sara-Marie Greenman-Spear y Yoel Villahermosa —en dos historias que se narran desde la nostalgia— describen los lugares de veraneo de su infancia y cuentan cómo esa naturaleza que los acogió de niñxs está destruida. Los Everglades de la Florida y el Mar Menor en el sur de España fueron espacios privilegiados por su belleza y la riqueza de su diversidad, y ahora atraviesan por un proceso acelerado de desaparición. Estas historias están apuntaladas por investigaciones que explican los fenómenos que causan la destrucción ambiental.

En la sección "El aire que respiramos" aparecen las historias de dos enfermedades relacionadas con el aire o la falta de aire: Lissette Caballero nos sacude con la descripción de las dificultades de crecer con asma y los enormes costos del tratamiento para esta enfermedad. Gabriela "Bella" García cuenta su particular experiencia con el COVID-19, cuando vivía en el West Campus de la Universidad.

La infancia y los viajes, temas de la sección "Odiseas y fantasías del retorno", también son fuentes importantes de inspiración: Anna Land regresa a un conmovedor momento de su niñez y revisa la relación con su padre. Drew Colcher vuelve a un momento de su infancia que le cambió la vida: recuerda a un amigo suyo, y su historia nos hace reflexionar acerca del racismo en las áreas rurales de este país. Monserrat Ramón desmitifica sus viajes a Disney desde una mirada crítica. Kyra Fink escribe sobre la necesidad de no dejarse llevar por los prejuicios y la riqueza de los viajes como una forma de superar el miedo a la diferencia.

En la sección "Fronteras internas", Maribel Bello nos sorprende con el efecto del uso de la tecnología entre lxs migrantes que no pueden visitar a sus seres queridxs. Mariana Suárez reflexiona sobre Casa Marianella —el albergue más importante de la parte central de Austin—, donde trabajó como voluntaria y lo que la motivó a convertirse en abogada.

Mientras que en la sección "El cuerpo y los trabajos presenciales", Mary Stycos nos hace ver —con un gran sentido del humor— los problemas de acoso, discriminación y sexismo que vivió como barista en un bar en Boston, y Richard Ardila nos enseña que el acoso es un asunto de poder que también afecta a los hombres.

En "El oficio de la escucha", sección dedicada a los perfiles, Ricardo Castro Agudelo elabora una reflexión de Fernando Vallejo, el ídolo literario que deja de serlo. Por otro lado, el texto de Fátima Valdivia es la triste historia de Lola, a quien la autora conoció mientras hacía trabajo de campo en la sierra de Chihuahua.

Finalmente, en "Campo y ciudad: ficción de las dos caras de América Latina", Vera Estrada Burrows y Pilar V. Martínez escriben piezas de ficción. Vera presenta un cuento de las sutiles formas de la violencia que se experimentan en la zona rural de Guatemala, mientras que Pilar nos da dos semblanzas de la vida urbana en el Chile contemporáneo. Ustedes, lectorxs, disfrutarán su prosa.

—

La última parte del trayecto fue llegar a esta publicación. En el otoño del 2021 hicimos una colecta en la página de recaudación de fondos HornRaiser de la Universidad de Texas en Austin, que se realizó gracias al apoyo de amigxs, parientes y colegas. Queremos agradecer especialmente al Teresa Lozano Long Institute of Latin American Studies (LLILAS), a Texas Global Publication Fund, a la Nettie Lee Benson Collection, a Jack y Anna Land, a Javier Auyero, Adriana Pacheco, Robert Estrada, The Pan American Round Table of Austin, Martin Josephi, Dennis Andrulis y Lisa Duchon, y a todas las personas que donaron en esa colecta. También agradecemos a Ana Cecilia Calle, Laura Boria, Ricardo Castro, Wilfredo José Burgos, Yoel Villahermosa y Gabriela García por su ayuda con la creación de la página para la colecta; a Yoel y Ricardo Castro por los comentarios a esta introducción; sobre todo a la lectura dedicada, cuidadosa y comprometida de Judith Santopietro; a aquellxs colegas del College of Arts and Sciences y al Departamento de Español y Portugués, que han sido un gran soporte para que este proyecto se haga realidad. Va un agradecimiento también a lxs colegas, amigxs, sobrinxs, hermanxs que hicieron su donativo en el HornRaiser, porque pusieron un granito de arena para esta publicación.

Mi agradecimiento especial a Robert Kimzey de Tower Books, por escucharme cuando la idea de este libro era un sueño y por su apoyo para hacerlo realidad. A Melissa Guy, quien me dio la idea de participar en el HornRaiser, a Nancy Warrington y Judith Santopietro, quienes tuvieron la paciencia de las idas y venidas en la edición final.

A lxs autorxs aquí incluidxs, más que agradecimiento, quiero decirles que esto es una celebración de su lectura, su escucha, sus comentarios y la ayuda generosa que dieron a sus compañerxs para mejorar sus historias. Leer y escuchar son maneras importantes de aprender porque son fruto de la curiosidad y la generosidad. Conjugar juntxs estos verbos fortaleció nuestro espacio creativo. Este libro es de todxs ustedes. ¡Felicidades!

GABRIELA POLIT DUEÑAS

Mujeres que conquistan
la educación

Alguien que puede alcanzar el cielo

Krisly Osegueda

Para muchos, el camino a los Estados Unidos puede ser peligroso, pero la motivación de llegar a este país y tener una vida mejor es más grande que los obstáculos. "Es por el bien de mis hijos", muchos repiten para recobrar fuerzas y llegar a la tierra de las oportunidades. De lo que no se dan cuenta es de las luchas constantes que sus hijos van a tener cuando lleguen al paraíso, especialmente la lucha de los niños en su educación. Para ellos, la escuela puede ser un campo de batalla donde no se sabe quiénes son los enemigos y quiénes los aliados.

ESTA HISTORIA COMIENZA con una pequeña niña de 8 años, sentada en un escritorio, tratando de retener todas las palabras que salían rápidamente de la boca de la maestra Arteaga. La niña, con sueños grandes y sus zapatos favoritos de princesa, solía entender todo lo que le enseñaba, pero cuando llegaba el momento de las preguntas, venía la verdadera prueba. La niña con trenzas en el pelo nunca se cansaba de levantar la mano para demostrar que, aunque su inglés no era perfecto, se había ganado el derecho de estar en esa dichosa clase de dotados y talentosos (Gifted and Talented; GT). Pero para la maestra Arteaga, la mano de Krisly era invisible. Esa niña valiente no se cansaba de ser la primera con la mano arriba, pues seguía el dicho de sus padres, "echando a perder se aprende", y estaba dispuesta a aprender a hablar inglés, a pesar de villanas como la maestra Arteaga. Una tarde, después de la lectura del día, le hizo la pregunta sobre el tema de lo que acababan de leer y, como siempre, la niña de pelo colocho, sentada en la parte de atrás, levantó la mano con toda la confianza del mundo. Por primera vez su mano no fue invisible ante los ojos fríos de la maestra Arteaga. La niña tenía la respuesta perfectamente construida en su cabeza, pero las palabras que salieron de su boca no fueron tan perfectas. Ella estaba segura de que la mujer que había dedicado su vida a ayudar a los niños le iba a guiar, sin embargo, las palabras que salieron de la boca de la maestra hicieron que la niña nunca volviera a levantar su mano: "I'm sorry, Krisly, I cannot understand you, and we just don't have time to waste". Esas palabras enmudecieron a la pequeña por mucho tiempo, pues nunca más quiso ser una pérdida de tiempo.

⎯

El sentimiento de derrota hacía que Krisly se sintiera más pequeña cada minuto que pasaba en esa clase del infierno. Aún tenía la disposición de aprender, pero ya no lo hacía público. En vez de alzar su mano al cielo como la niña valiente que un día fue, se le acercaba en privado a la maestra. Con temor en su interior, Krisly hablaba con ella: una mujer intimidante, de pelo corto y rubio que parecía medir diez pies de altura. Con una voz temblorosa, la niña le hablaba, "Ms. Arteaga, I need your help", y aquella mujer gigante tornaba su cabeza como esos monstruos en las películas de miedo, y con ojos llenos de maldad decía, "Not now, Krisly, come again at a more convenient time". La maestra siempre tenía asuntos más importantes, y día tras día, la niña ya no se sentía importante en la vida de nadie. Después de un año lleno de batallas, las calificaciones de Krisly decayeron mucho, al punto de que los maestros decidieron que lo mejor para ella era que regresara a las clases bilingües. Los consejeros y maestros comentaban que su inglés todavía no estaba a un nivel en el que ella podía tener éxito en las clases avanzadas. La verdad es que se sentía desanimada por el constante rechazo de parte de la maestra Arteaga.

La historia de Krisly no es única. Actualmente en los Estados Unidos se estima que 4.9 millones de estudiantes están aprendiendo inglés como su segunda lengua. Está predicho que los números van a incrementar con el cambio del ambiente político. Hoy hay alrededor de 18 mil menores de edad en custodia del gobierno, porque han cruzado la frontera sin compañía de un guardián. Estos números son asombrosos, y significa que ahora es la responsabilidad del sistema de educación pública de los Estados Unidos educar a estos menores. Ellos no tienen la culpa de las decisiones que los mayores de edad tomaron en sus vidas. Lo mismo se puede decir de la historia de Krisly, quien llegó a los Estados Unidos en el 2001 en los brazos de su madre, con solo un año de vida. Debido a la decisión que tomó su madre, Krisly iba a ser vista como una *criminal*, aunque cuando llegó indocumentada a este país, no tenía la capacidad de hablar, mucho menos de tomar una decisión tan impactante. Pero su récord *criminal* no iba a ser su problema más grande, sino la trayectoria que iba a tener en las clases de estudiantes bilingües y, en el futuro, en las clases de dotados y talentosos. La niña se preguntaba por qué los estudiantes debían tener títulos y estar tan restringidos. Por qué no todos podían ser humanos que un día cambiarían el mundo.

El sistema educativo de los Estados Unidos tiene diferentes tipos de programas que son diseñados para satisfacer la necesidad de cada alumno, y cuando uno comienza su educación, se le envía a estos programas y, en la escuela, esa clasificación es como si fuera un estigma. Estos programas, conocidos como de Educación Especial, son creados para ayudar, pero a veces causan más daño que beneficio. Los programas de ESL (English as a Second Language) y de educación bilingüe tienen muchos problemas porque los estudiantes de clases bilingües son vistos como de menor importancia y como una carga que no tiene mucho valor. En muchas instancias, se los separa del resto de la población estudiantil como si fuesen prisioneros en confinamiento solitario. Los alumnos que sí salen de este confinamiento lo hacen porque tienen valentía, rabia en su sangre y ganas de mostrar que son mucho mejores de lo que el sistema dice que son. A ellos se les repite tantas veces que son mediocres que lo empiezan a creer. La mayoría deja la escuela porque cree que tiene más valor trabajando en un restaurante de comida rápida que invirtiendo en su futuro. El gobierno los hace sentir que no pertenecen a este país, y el sistema educativo los convence de que, en la vida, no van a dar mucho. Aunque Krisly ya había tenido una mala experiencia con la maestra Arteaga, quien le había robado su valentía, su ángel guardián pronto aparecería y otra vez traería luz y esperanza a su vida. Iba a demostrar que, a pesar de todos los obstáculos que los sistemas le habían impuesto, ella sí iba a lograr convertirse en alguien que cambiaría el mundo.

—

El primer día de cuarto grado, Krisly tuvo mucha ansiedad. En el tercer grado, ella había tenido una maestra que nunca le brindó ayuda y ahora había regresado a una clase bilingüe. Ella se sentía un fraude, pues era como si hubiese dado diez pasos hacia atrás porque había regresado de una clase avanzada a una bilingüe. El primer día de clase temía encontrarse con otra persona que fuera un obstáculo en su camino, pero lo que se encontró fue sorprendente. La maestra Rojas era una mujer pequeña, aunque con una gran voz y una sonrisa que llenaba toda la habitación. Cuando Krisly entró a esa clase, enseguida se sintió como en casa. El español peruano de la maestra Rojas la hizo sentir que por fin estaba en el lugar adecuado. Desde el momento en que entró a la clase fue a darle la bienvenida y, sin conocerla, le dio un abrazo y la hizo sentir amada e importante por primera vez en siglos. Ese año le cambió la vida a Krisly.

Rápidamente, la maestra Rojas se dio cuenta de las capacidades de la brillante alumna. Krisly Osegueda tuvo un verdadero éxito en su clase bilingüe. Siempre contestaba las preguntas correctamente, era la primera en terminar sus tareas y tenía calificaciones perfectas. De lo que no se daba cuenta era de que la clase bilingüe en verdad le hacía daño. Pero la maestra Rojas lo notó. Una tarde le dijo que iban a comer *lonche* juntas en la clase y le empezó a decir que estaba muy orgullosa del trabajo que había hecho, aunque su éxito era porque estaba en la clase equivocada. La maestra le dijo: "Krisly, en la vida, si eres la persona más inteligente en una habitación, estás en la habitación equivocada". En ese entonces la niña de 10 años no lo entendía. Le siguió diciendo: "Ambas sabemos que tú deberías estar en la clase de dotados y talentosos porque esta clase simplemente no es un desafío. Para ti el cielo es el límite, pero te está impidiendo tu inglés, así que yo te voy a ayudar". Desde ese momento, no dejó que Krisly volviera a hablar español en la clase. Toda conversación y tarea tenía que ser en inglés, y ella siempre le daba comentarios de cómo podía mejorar. Para Krisly era frustrante que constantemente la maestra la tuviera que corregir, pero ese amor duro era lo que ella necesitaba para llegar al cielo, como se lo había dicho. Después del éxito en esa clase y el mejoramiento del inglés, la maestra Rojas recomendó a Krisly a la clase de dotados y talentosos una vez más. A ella le dio nervios pensar que tendría que regresar a una clase donde no se había sentido aceptada, aunque esta vez tenía la espada para poder derrotar a monstruos como la maestra Arteaga: ahora ella hablaba el inglés con fluidez.

El cuarto grado terminó demasiado rápido para Krisly; ya se sentía preparada para seguir el camino hacia el cielo, y así fue. Regresó a la clase de dotados y talentosos en el quinto grado, aunque ya no era la niña que miraba desde afuera, sino que era parte del grupo. El último año de la primaria fue excepcional. Terminó siendo una de las mejores estudiantes en su grado. Ya no era la niña que tenía que callar porque ahora ya tenía una voz y una lengua para gritar sus respuestas al cielo.

Krisly es una excepción de cómo terminan los estudiantes en clases bilingües. Ella tuvo la influencia de una gran maestra bilingüe que amaba su vocación y a sus alumnos. En teoría, las clases de ESL, GT, *dual language* y bilingües son diseñadas con buenas intenciones. Sin embargo, a veces el sistema de educación y el tipo de maestro que enseña estas clases tienen mucho que ver con el éxito que tendrán. El título "bilingüe" es en verdad un poco falso porque hace pensar que los alumnos están practicando las dos lenguas, pero no es así. En las clases que

Krisly había tenido anteriormente, solo hablaban en español, al igual que las maestras. Era imposible que ella aprendiera una lengua que ni siquiera escuchaba. Ella sí era una niña muy inteligente y tuvo maestras muy buenas, pero antes de llegar a la clase de miss Arteaga, nunca le enseñaron a hablar en inglés. Todo el currículo era en español, así que ¿cómo esperaban que ella tuviera éxito en una clase donde no hablaban esa lengua? Entonces viene la pregunta a la mente: ¿A quién en verdad hay que culpar por las experiencias negativas que Krisly tuvo en la educación? La respuesta no es simple, porque cada uno tendría una diferente. Algunos dirían que es la culpa de su madre que la trajo a un país al cual no pertenecía; otros dirían que es la culpa de sus primeros maestros, que no le enseñaron a hablar bien el inglés. Tal vez en algún momento, Krisly habría dicho que la única culpable era la maestra Arteaga, por tener una actitud tan desinteresada. Aunque, al reflexionar, se daría cuenta de que ella hizo lo posible con los pocos recursos que le fueron otorgados. Una maestra angloamericana con una estudiante salvadoreña a quien le resultaba difícil el inglés; en verdad no había mucho que hubiera podido hacer para ayudarla.

⁓

El verdadero culpable es un sistema educativo que vive por el eslogan falso de "No Child Left Behind". La verdad es que hay cientos de estudiantes que han sido dejados atrás porque no se ha encontrado una manera para que tengan la misma oportunidad que los demás. El afán de recaudar más dinero hace que las escuelas no se enfoquen en estos programas, pues la mayoría de las veces los alumnos de esos programas no tienen las mejores calificaciones en los exámenes estatales, que es como se recaudan los fondos para cada escuela. A notas más altas, más dinero. Esta es una estrategia obvia para el fracaso, porque a ellos se les demanda que tomen sus exámenes en inglés, a pesar de que tienen poco dominio de la lengua.

Ya han pasado muchos años desde que Krisly asistió a la escuela primaria y ha habido muchos cambios. Existen diferentes tipos de programas y hay un mejor entrenamiento para los profesionales que trabajan con esta población de estudiantes. Pero todos estos cambios no significan que ya haya igualdad de trato para ellos. Nos encontramos muy lejos de ese sueño. Muchos estudios indican que el verdadero éxito de un estudiante está definido por lo que se le dice desde muy joven. Un estudio en particular habla sobre el programa de GT y sus alumnos. El estudio menciona que éstos no son más inteligentes que sus contrapartes, sino que se les repite en tantas ocasiones que son especiales y talentosos que ellos lo creen, entonces hacen cosas extraordinarias. Quizás no es necesario tanto programa y entrenamiento, sino simplemente decirles a los estudiantes bilingües que son capaces de ir a la universidad y convertirse en el científico que cura el cáncer o la maestra que le cambia la vida a un alumno; los dos igualmente cambiarán el mundo. Solo una persona le tuvo que decir algo así a Krisly para que lo creyera.

¿Qué fue de ella? Deja te cuento. Tuvo gran éxito en lo que le restó de su educación. Al final de la secundaria, fue la estudiante en primer lugar con un GPA de 4.1. El éxito le siguió a la preparatoria, donde fue parte de muchas organizaciones de las cuales fue líder. Sus maestros la describieron como una alumna ejemplar. Tomó muchas clases de Advanced Placement (AP) y terminó en quinto lugar en su clase de 637 estudiantes. Tuvo muchas ofertas de diferentes universidades, y finalmente decidió asistir a la Universidad de Texas en Austin, la universidad pública más prestigiosa de ese estado, en donde está a un año de graduarse y convertirse en una maestra bilingüe. Alcanzó el cielo. Por mucho tiempo, Krisly quería regresar a aquella escuela para volver a ver a la maestra Arteaga y preguntarle: "Is my English good enough now?". Sólo que ahora ya creció y maduró y sueña con regresar a esa escuela con su diploma de la universidad para decirle a la niña que está batallando que no guarde silencio, sino que grite sus respuestas lo más alto que pueda porque ella no está equivocada, y algún día alguien le va a entender y le va hacer creer que puede alcanzar el cielo. Y ahora Krisly se quiere convertir en ese alguien.

Extremas expectativas

Maritza Inés Ramírez

Siempre me han gustado las matemáticas. Con números se explica todo bien: veintiuno, las horas de clase semanales que tomé en mi primer semestre en la universidad; quince, las que trabajé; diez, las que dediqué a mi pasantía; cinco, los años que he estado en la universidad; dos, el número de licenciaturas que voy a tener. Si le preguntas a cualquier persona que me conoce, esto no es nada inesperado, y eso es parte del problema. El 12 % es la posibilidad de que una persona como yo se gradúe de la universidad. El 1 % es lo que me representa como la primera de mi familia en graduarse de la universidad. Aun sabiendo las estadísticas, nada ni nadie me preparó para lo que han sido estos últimos cinco años.

DESDE QUE ERA NIÑA me he sentido exigida a ser perfecta, exitosa. Tenía que ser la modelo impecable. A los 12 años sabía que tendría que ir a la universidad, porque era una meta que escuché a mi mamá desde que me puedo acordar. Aunque en ese tiempo, no sabía que según las estadísticas yo no iba a llegar a la universidad y que era más probable que dejara la escuela antes de graduarme de la preparatoria. Desde niña mi enfoque fue estudiar y hacer todo lo posible para ir a cualquier universidad, hasta que fui aceptada en la Universidad de Texas en Austin (UT Austin). Para mí nunca fue una pregunta si iba a ir a la universidad, la pregunta era a cuál iba a asistir. Cuando fui admitida, la respuesta de mi madre fue "¡Claro que te aceptaron!". Esa era la expectativa. De mis cuatro hermanos, yo tenía que ser la que cumpliera el sueño de nuestra madre. Ella no pudo ir a la universidad, solo dedicó su vida a sus hijos. Cuando mis hermanos mayores tomaron otros caminos, el reto me tocó a mí. Yo, la *geek*. Yo, la estudiante de altas calificaciones, la que se mete en miles de actividades. Yo, la estudiante que nunca falla, que siempre supera cualquier obstáculo que se le presenta. La que siempre cumple las expectativas. Al llegar a UT Austin, con cada oportunidad que se me presentaba, también se presentaban más expectativas.

Como latina y como estudiante *first gen*, no estaba destinada llegar a la universidad. A pesar de que en los Estados Unidos el 52 % de la población de jóvenes entre 18 y 24 años es latina, los latinos no representan el 52 % de los estudiantes en las universidades. La universidad y la educación superior son instituciones que no fueron hechas para servir a la comunidad latina en este país. De los latinos que empiezan la escuela, solo el 50 % se gradúa de la preparatoria. De ese 50 %, solo el 12 % se gradúa de la universidad. Pero eso no te lo cuentan cuando estás solicitando, cuando te aceptan y cuando te cobran tu alma.

Durante mi tiempo en la universidad siempre he tomado, por lo menos, cinco clases. Lo mínimo para ser estudiante de tiempo completo son cuatro. Siempre he tomado más clases de lo necesario porque la beca que recibo de la universidad se vence después de cuatro años. Cada año he sacado préstamos. He tenido, por lo menos, dos trabajos y una pasantía. Nunca me sentí cómoda al andar por UT Austin. En el estado de Texas, si un estudiante se gradúa de la prepa y su promedio está entre el 7 % más alto de su escuela, automáticamente es aceptado en cualquier universidad pública del estado. Por eso fui admitida en UT Austin. Pero yo sentía que no pertenecía aquí. Me sentía sola en estos sentimientos. No fue hasta casi al final de mis años en la universidad que aprendí que lo que sentía es conocido como el síndrome del impostor, algo que es muy común en estudiantes de primera generación y en estudiantes que son parte de las minorías.

Nadie te dice todo lo que vas a sacrificar para obtener tu licenciatura. Todos te dicen lo que debes hacer. Todos tienen grandes expectativas de lo que vas a lograr y, porque ellos lo dicen, tú lo tienes que lograr.

La primera vez que pensé en quitarme la vida era *freshman*, tenía 18 años, la mano llena de pastillas y muchas dudas. ¿Serán suficientes? Y si no, ¿qué pasaría? Por el resto del año pensé en cómo podría desaparecer de este mundo sin causarle una inconveniencia a la gente en mi vida. Sí, una inconveniencia, porque en mi mente eso es lo que yo era. La segunda vez que tuve pensamientos suicidas tenía 21 años y estaba en tercer año. Cada vez que manejaba a la universidad o regresaba a mi casa, le pedía a cualquier dios que me hiciera chocar y que no sobreviviera. La última vez que tuve esos pensamientos tenía 23 años y cursaba el quinto año. Estaba acostada en la bañera, lista para ponerle fin a mi sufrimiento. En tres meses me iba a graduar de la universidad. Aunque me esperaba un gran futuro, no le veía el punto a la vida. La depresión y la ansiedad son más comunes de lo que se conoce. La primera vez que hablé con una terapeuta fue a los 19. Me dijo que tenía depresión situacional, que cuando una situación estresante aparece, me pega un episodio depresivo, algo como *seasonal affective disorder* (SAD), un tipo de depresión que afecta por el cambio de la temporada y es muy común. Mi mamá me dijo que nomás era estrés. Pensé que solo era yo, siendo dramática. La terapeuta me daba consejos de cómo enfrentar mi depresión. Me sugería cambiar de rutina, encontrar actividades para aliviar mi estrés, que me juntara con mis amigos, pero todo eso ya lo estaba haciendo. Hasta que finalmente me dijo que ya estaba haciendo todo lo que ella le aconsejaba hacer a alguien en mi situación. Decidí que eso de las terapeutas y la salud mental no era algo que me iba ayudar.

La pregunta que me hago varias veces es "¿cómo llegué hasta aquí?". Sé que antes nunca hubiera intentado suicidarme porque no le podía hacer eso a mi madre. Siempre había algo que valía la pena, pero no sé cómo llegué a este punto. Antes sabía quién era, antes tenía una dirección. Siempre estaba segura de mí misma. Sabía a dónde quería ir con mi vida, qué quería. Iba a hacer grandes cosas. Pero de repente, la vida me amenazó sacándome los lentes de color rosa, y la vida que quería vivir resultó ser una mentira. Era como despertar de una pesadilla y entrar en otra, y esa era mi realidad.

Soy hija de una madre soltera de cinco hijos. Mi mamá fue la mayor de nueve, trabajaba en las labores piscando frutas y vegetales en Texas, Florida, hasta en Michigan. Sufrió todo tipo de abusos. Fue mamá para sus hermanos, empezó a trabajar a los 13 años. Mi padre se fue de mi vida cuando yo tenía 3 años. Vengo de raíces que han soportado tragedias, dificultades y obstáculos. Yo tenía que demostrar que todo lo que ella hizo no fue para nada. Por muchos años esto fue lo que me identificaba. Yo era el resultado de las experiencias de mis padres y de mis propias experiencias. Si mi mamá pudo soportar la vida que tuvo, yo debía soportar lo que experimentaba en la escuela. Reflexioné mucho sobre mis años en la universidad. No fue hasta que le di otra oportunidad a la terapia y empecé a tomar medicamentos antidepresivos, que pude darme cuenta de lo mucho que soporté estos cinco años.

En UT los estudiantes no deben trabajar más de medio tiempo, hasta es prohibido por la universidad que los estudiantes que hacen *work-study* trabajen más de veinte horas a la semana. Eso es porque ser estudiante universitario es lo mismo que trabajar a tiempo completo. Los estudiantes de tiempo completo se registran en cuatro clases, doce horas semanales de clases. Por cada hora de clase se recomienda hacer tres horas de tarea, a lo menos eso es lo que me dijeron en Freshman Orientation. Esta es la razón por la cual UT Austin requiere de un permiso especial para tomar más de diecisiete horas de clase semanales. Pero ser estudiante universitario no se trata solo de sentarse en clase y estudiar. Se espera que los alumnos se involucren en organizaciones de la escuela, que participen en pasantías, que hagan lo posible para poder conseguir un trabajo al graduarse.

～

La alarma suena a las 6 de la mañana. Me arreglo para mi día de clases. La primera empieza a las 7:30. Estoy en clases hasta las 6:30 de la tarde. Durante mi hora de almuerzo, hago tarea. Después de mi última clase, me voy a la biblioteca. Me quedo ahí hasta medianoche. Regreso a mi dormitorio y continúo con mis tareas hasta las 3 de la mañana. Al fin me voy a dormir. Cuatro días de la semana las paso así. De viernes a domingo viajo con el equipo de Speech & Debate de la universidad. Hago veintiuna horas de clases en cuatro días de la semana. Saco un préstamo porque entre las siete clases y Speech & Debate, no tengo tiempo para trabajar. Las becas que recibí las usé para vivir en los dormitorios de la universidad, lejos de mi casa, de mis responsabilidades con mi familia, de mi mamá, y para escapar de su feo divorcio.

—

La alarma suena a las 5 de la mañana. Alcanzo mi *ride* que me lleva de la casa de mi mamá a la universidad; llego a las 6 de la mañana. Encuentro una mesa y hago mi tarea hasta las 8, cuando voy a mi primera clase. Después me subo al autobús y voy a mi pasantía que es requerimiento de la beca que recibí de la universidad. Los días que no tengo mi pasantía, trabajo. Regreso a la universidad a mediodía; mis clases terminan a las 4. Me quedo por una hora más, luego me subo al autobús y empiezo el viaje de hora y media a mi casa. Al llegar a casa, empiezo a limpiar, estudio o hago tarea, hago de cenar, hago más tarea y me duermo a medianoche. Es mi segundo año, y entre mi hermano y yo, al principio del semestre, pagamos todo para sostener nuestra casa. Mi mamá tuvo una cirugía y no pudo trabajar por un mes, un mes de descanso por enfermedad que su trabajo no le pagó. Es la primera vez que pienso en abandonar la universidad.

—

La alarma suena a las 6 de la mañana. Manejo una hora para llegar a trabajar a las 8. Trabajo cuatro horas y después voy a mis clases. Me quedo en la universidad hasta las 7 de la tarde, luego regreso a mi casa y hago quehaceres. Me quedo despierta hasta que mi hermano sale del trabajo. Siempre es después de las 11 de la noche; a veces no regresa a casa hasta las 2 de la mañana. Casi todos los días, al regresar del trabajo, mi hermano se pelea con mi mamá. Paso menos y menos tiempo en casa. Durante la semana hago quince horas de clase; quince horas dedicadas a mi pasantía; quince horas al trabajo de tutora. Los fines de semana tengo un segundo trabajo. Empiezo a faltar a clases, empiezo a tomar malas decisiones.

—

Entre todas las responsabilidades en mi escuela, en mis trabajos, con mi familia, no tenía mucho tiempo para las mías. Nunca hubo suficiente tiempo y, sin poder estar en más de un lugar a la vez, algo tenía que sacrificar.

Hasta hoy me acuerdo de todo lo que soñé estudiar. Primero era Zoología, luego era Investigación Forense, y al fin quise ser escritora. Pero cuando llegó el momento de decidir qué iba estudiar, fui en la dirección de lo que se exigía de mí. Iba a estudiar para ser abogada. Sí me encantaba la idea porque iba a poder ayudar a la gente, que es lo que más me importaba.

—

Pasaron tres años y tuve una epifanía: quizás lo que quiero hacer es trabajar con estudiantes. Aunque temblaba de miedo de decirle a mi mamá que en vez de estudiar para ser abogada quería sacar mi maestría en Educación, ese día no sacrifiqué mis sueños. Eso pensé, pero había otro sueño que se me había olvidado durante los años. Un sueño que no era práctico. Uno del cual no me acordé hasta después de enfrentar realidades hostiles. Ahora siento la necesidad de escoger entre ese sueño y los de mi familia, mi comunidad y todos aquellos que darían lo que fuera por estar en mi situación. Me pregunto, si sigo mis sueños, ¿estaría decepcionándolos a todos ellos?

Hoy estoy a punto de graduarme de mi segunda licenciatura. Aunque he querido terminar la escuela, y aunque no era necesario terminar esta segunda licenciatura, aquí estoy. Cuando era niña, me encantaba aprender, me encantaba la escuela. Ese amor por la educación pensé que lo perdí, pero sigue vivo en mis investigaciones acerca de los estudios mexicanoamericanos y en mi escritura. No, no era todo lo que pensé que iba a ser, no era nada como me lo contaron. Mi experiencia en la universidad ha estado llena de obstáculos que nunca pensé que iba a enfrentar, y menos que los iba a superar. En este camino me dejé llevar por las expectativas de mi familia, de mi comunidad, y de mis compañeros de clase y de trabajo. Hice mis pasiones a un lado por las expectativas que todo el mundo tenía de mí como latina, como estudiante de bajo recursos, como estudiante *first gen*, como alguien que ha logrado lo que muchos sueñan. Ha sido un reto completamente nuevo tener que cambiar mi perspectiva y empezar a vivir mi propia vida. No me arrepiento de mi tiempo en la universidad. No me arrepiento de hacer lo que necesité para llegar aquí. Pero tomó varias sesiones de terapia aceptar que está bien estar cansada y que necesito un descanso del camino en el cual voy. Casi llego al final de este trayecto y no tengo que continuar ahora mismo. Hay otros caminos que quiero explorar. Más que nada, quiero que otros estudiantes entiendan que, aunque nuestras familias y comunidades sirven como grandes motivaciones para lograr las metas, es importante compartir nuestras historias y perseguir nuestros sueños, aunque no siempre vayan a alinearse con las expectativas extremas que hay de nosotros.

Lo que callamos los estudiantes

Jeanne Muhoza

*Pasé toda mi vida entre paredes blancas pensando en lo que
quería hacer. Me preguntaba si estudiar lo que una quiere
es mejor que estudiar lo que está en el mercado. Me fascina
el mundo de las Leyes, pero a la vez, me gusta la Medicina.
Gravito entre las razones que da mi mamá para que estudie
Enfermería, mi hermano diciéndome que siga mi corazón y
mi papá llenándome la cabeza con ideas acerca de la vida
de un médico. Todos despiertan una ansiedad, sin pensar en
cómo me afecta tener tantas opciones y la tensión que me
produce tener que escoger.*

SE ACERCA EL FIN DEL SEMESTRE de mi primer año en
la Universidad de Texas en Austin (UT Austin), y tengo una cita
con mi consejera. No sé qué quiero hacer, pero no quiero seguir
sin declarar mi especialidad porque entonces me voy a atrasar
con la matrícula. Camino a la oficina de la Facultad de Huma-
nidades para hacer una cita con mi consejera, y me enfrento a
la pregunta de su secretaria: "¿De qué quieres hablar con ella?".

Por supuesto que quiero decirle de todo, porque yo no sé
nada. Pero, al hacer la cita, hablo sin pensar porque tengo
miedo. Aunque nadie está allí conmigo, yo pienso que sí hay
alguien. Es el miedo de que otra persona sepa que no tengo
idea de lo que quiero hacer, porque temo que se burlen de mí.
Le contesto que quiero hablarle de la matrícula del semestre
entrante. Paralizada de miedo de que me pregunte algo espe-
cífico, le digo que estoy yéndome a clase y que me dé cita el
viernes a las 11 de la mañana. Corro por los pasillos para tomar
aire; me asfixia estar allí porque ella podría hablar de algo de lo
que yo no tengo certeza.

Hay tensión con mis padres porque para ellos tengo que ser una de cuatro cosas: doctora, enfermera, abogada o ingeniera. Para ellos, los otros campos de estudio significan pagar mucho por la universidad y ser la burla en la comunidad. Para ellos, una mujer debe estudiar cosas que sirvan para ayudar a su familia, específicamente en el campo de la salud. Sé que mis papás son chapados a la antigua, pero creo que quieren lo mejor para mí. Mi mamá quiere que sea enfermera, mientras que mi padre quiere que sea doctora. Honestamente, me ponen contra la pared porque yo los quiero a los dos y sé que, si escojo una cosa, el otro se sentirá triste.

Me tomé la tarde libre porque yo sabía que no era la única persona experimentando esa confusión por lo que nos dijeron en la orientación. Caminé por casi toda la universidad con los audífonos puestos, sin música, solo pensando en lo que realmente quería. Mientras caminaba, al pasar escuché conversaciones distintas entre estudiantes y algunos turistas. Pasé junto a algunos estudiantes que hablaban de lo estresante que son sus horarios y los exámenes que tenían la siguiente semana. Otros hablaban de las clases que deberían tomar el próximo año para terminar su carrera. La conversación que me cautivó fue la de un estudiante que lloraba con su amiga por estar en una carrera que no quería. No pude caminar más y me senté en un escaño, un poco alejada de ellos, para escucharlos sin que se dieran cuenta de que estaba interesada en su conversación. Sé que escuchar conversaciones ajenas es de mal gusto, pero no me pude aguantar. No puedo decir sus nombres, pero les voy a llamar Gabriel y Leslie.

Si les confieso algo, esa conversación fue una de las más tristes que he escuchado en mi vida. Gabriel lloraba porque no sabía qué hacer; le gustaba estudiar para ser empresario como sus papás querían, pero también había descubierto que no era heterosexual, sino *gay*. Le confesaba a Leslie, su amiga, que si sus papás se enteraban de esta verdad, lo iban a echar de la familia y dejarían de pagarle la universidad. Mientras Gabriel hablaba, no pude dejar de ver cómo la cara de Leslie cambió, fue algo que realmente la paralizó emocionalmente. Cayó una lluvia de lágrimas de los ojos de Leslie y, por alrededor de cinco minutos, abrazó a Gabriel en silencio. Parecía que no podía pensar que algunos padres pudieran tomar medidas tan drásticas tratándose de alguien de su propia sangre. El abrazo que ella le dio fue como el de una madre que puede sentir como propio el dolor de su hijo. Sentada en el escaño, yo también estaba llorando con ellos.

Se limpiaron las lágrimas y empezaron a hablar. Leslie le expresó su pesar por lo que él estaba atravesando. Después le dio a entender que había opciones para combinar algunas cosas o cambiar totalmente su carrera. Le dijo que había becas para estudiantes como él con un nivel académico excelente y sueños grandes. Los ojos de Gabriel brillaron cuando escuchó esto, pero le dijo a Leslie que necesitaba tiempo para pensar y tener las agallas de hablar con sus padres sobre los cambios que quería hacer en su vida.

Cogieron sus cosas y se fueron por caminos diferentes después de haber hecho otra cita para la siguiente semana, a la misma hora y en ese mismo lugar. En ese momento saqué mi teléfono y tomé nota para recordarme que tenía que estar allí para escuchar cómo se resolvería el problema y cómo podía aplicar la solución. Cuando miré donde ellos habían estado sentados, ya había otro grupo de estudiantes hablando de las fiestas del fin de semana. Honestamente, me inquieta un poco cómo en un ambiente se pueden producir ideas y conversaciones constructivas, y otras que son banales. Por supuesto que no me quedé para escucharlos; caminé a mi casa.

Ustedes se imaginarán que la inquietud no pasó; yo tenía que prepararme para hablar con mi consejera. Abrí mi computadora y busqué todo lo que podía decirle, porque sabía que tenía que empezar por algún lado para que me ayudara. El día llegó y yo estaba en la sala de espera llorando de nervios. Llegó mi consejera y preguntó por alguien llamado "Jeanne Muhoza".

Por los nervios, mis ojos empezaron a buscar a alguien más. La secretaria me miró y dijo: "Hey, you're Jeanne, right?". Y yo le respondí: "Yeeeeeeees! I think".

La consejera me guio hasta su oficina, y lo primero que vi fue un reloj de arena que usan los psicólogos. Después de verla, yo ya estaba segura de que me iba a criticar. Fue una cita de pregunta tras pregunta, hasta que me dijo que en el Vick Center, la oficina para las estudiantes indecisas, me podrían ayudar. Me dio los datos para que ellos me ayudaran a saber lo que quería. Hice una cita y, como en la reunión con mi consejera, me hicieron preguntas hasta que no tuve palabras para responder.

El fin de semana fue peor, sentía que el mundo estaba en contra mío. No hubo persona que se cruzara conmigo que no me preguntara: "So, what are you studying?".

Después de escuchar a seis personas, empecé a preguntarme y a responderme a mí misma: "¡Hola, Jeanne! ¿Cómo estás? Bien, fue un gustazo verte. Gracias".

Pero nada. Nadie quería hablar conmigo de algo distinto, era como si los estudiantes de la universidad no tuvieran otros intereses más que los estudios. Gracias a Dios, una amiga me rescató del aburrimiento de los supuestos adultos que tienen todo bajo control en sus vidas.

Después del fin de semana, estaba contando los días para la cita de Gabriel y Leslie. El día llegó y yo aparecí antes que ellos como si fuera mi cita. Gabriel tenía una cara más relajada que la de la otra semana. Empezó a platicar con Leslie de su fin de semana y de cómo le estaba yendo en las clases:

—¿Y qué pensaste sobre lo que hablamos? —le preguntó Leslie.

—Me inscribí en unas clases de Antropología como me lo sugeriste, y decidí hablar con mis padres en el verano, después de mis estudios en *Malaysia*. —Gabriel bebió un poquito de agua y empezó a hablar.

—Esto está bien, Gabriel, ¿y necesitas los datos para las becas? —Leslie le respondió con un tono comprensivo.

Gabriel y Leslie sacaron sus computadoras y empezaron a ver las clases del próximo semestre y los años que faltaban: sólo un curso de oyente.

En ese momento, se abrió en mi mente una cajita de ideas que verdaderamente no imaginaba que tenía. En una semana ya sabía que quería hacer algo relacionado con la Medicina y estaba buscando todas las especialidades relacionadas con ésta. Después de muchas noches de búsqueda y de estudiar para mis clases, decidí que iba a trabajar en el hospital el semestre entrante, y que cambiaría mi especialidad a Salud y Sociedad (Health and Society).

Llamé a mi papá y le dije que necesitaba hablar con él y con mi mamá cuando llegara a casa para el día de Acción de Gracias. Como el padre comprensivo que es, me reservó un boleto de ida y vuelta para ese día, el mismo fin de semana después de la reunión. Yo no tenía miedo de hablar con mi papá, pero en todo el camino pensaba en lo que mi madre iba a decirme. Sé que mi mamá es muy sentimental y que casi todo lo toma de un modo personal. Pero estaba segura de mí misma y nada me iba a parar esta vez. Llegué a la casa en la madrugada, así que tuve que esperar hasta el amanecer. Nos despertamos como a las 9 de la mañana, y yo no pude contenerme. Les llamé al salón de abajo para hablar. Les confieso que, al empezar, tenía muchos nervios.

En mi cultura no se acostumbra a hablar sin beber algo como té, café u otras bebidas. Mi mamá hizo té, porque apenas acabábamos de despertar. Me tomé un sorbo... y empecé:

—Bueno, ustedes saben lo que vine a hacer.

—¿Ya te decidiste? —me interrumpió mi mamá.

—Déjale hablar, mamá —dijo mi hermano.

—Sí, déjala —decía mi papá.

—Yo los quiero a los tres y mucho. Y espero que me den su apoyo en cualquier decisión que tome.

—¿No vas a dejar de estudiar o sí? —me interrumpía mi mamá otra vez.

—Mamá, por supuesto que no voy a dejar de estudiar. ¿Por qué no me deja decir lo que les tengo que decir? Por favor.

—Mujer, por favor, ten paciencia y entiende a la niña.

—Cambié mi especialidad universitaria a Salud y Sociedad, enfocándome en Español.

—¿Eso quiere decir que no serás ni enfermera ni doctora?

—me interrumpía mi papá

—¡Papá! Por favor déjame terminar, esto no es fácil para mí.

—Yo quiero ser doctora y lo seré para mi maestría, pero para mi licenciatura quiero estudiar Salud y Sociedad. Es un poco como Salud Pública con la combinación de Sociología. —Respiré profundo.

Después de mucha plática y explicación sobre mis razones para cambiar de especialidad y de por qué quería estudiar lo que escogí, me entendieron. Aunque hubo momentos en que mi mamá y mi papá lo dudaron, decidieron apoyarme. Mi mamá me reprocha hasta el día de hoy, pero sé que no me equivoqué en mi decisión y no la cambiaría.

Ahora, en el último semestre de mis estudios de pregrado, me acuerdo de esta experiencia y recuerdo que tomarla necesitó casi toda la fuerza de mi corazón. Esta decisión fue el inicio de muchas que fueron más difíciles. En verdad, una nunca se equivoca si sigue su corazón y tiene la mente fría cuando toma decisiones. Las fuerzas las sacamos de lugares inesperados de nuestras propias experiencias que marcaron nuestras vidas.

No lo soy

Myrnalejandra Canales-Gutiérrez

*¿Soy impostora? Siempre me he considerado muy afortuna-
da académicamente, pero cuando llegué a la universidad,
empecé a dudar de mi intelecto. Mi falta de conocimiento,
tanto académico como del sistema universitario estadounidense, me llevó a desarrollar el síndrome del impostor. Hoy
me he dado cuenta de que formo parte de todo un sector
demográfico que vive con estas mismas inseguridades y
ansiedades.*

SIENTO QUE ESTO ya me ha pasado mil veces, pero con
el transcurrir del tiempo, no disminuye la pena ni la frustración. Aquí estoy, en medio de una clase de Literatura Inglesa,
haciéndome preguntas que me parecen de lo más estúpidas.
El aula está fría y oscura, lo aparenta aun más por la decep-
ción que siento conmigo misma. El profesor, un señor joven
y simpático, de barbas y despeinado, menciona a varios autores, algunas teorías literarias y ciertos eventos históricos. Pregunta si los alumnos han oído hablar sobre esto alguna vez,
y cada uno de los veinticinco estudiantes contesta que sí, al
unísono. Yo no contesto; mantengo la esperanza de que parte
de la clase esté mintiendo, como si una ignorancia compartida
me pudiera hacer algo menos inculta. Escribo fonéticamente
en mi pequeña libreta los nombres de los autores que menciona el profesor y trato de crear en mis notas una cronología
de todos los eventos que menciona. Salgo de la clase cansada,
no de aprender, eso me entusiasma, sino de sentir que hay cosas
que ya debo haber aprendido.

El viaje en autobús, cosa que debería tardar diez minutos por la distancia entre la universidad y mi apartamento, se tarda una hora debido al tráfico típico de Austin. Pienso en mis defectos intelectuales hasta llegar a la parada del autobús. La distancia entre la parada y mi apartamento es corta —no tardo más de diez minutos en recorrerla—, pero los pensamientos negativos y ociosos dificultan cada paso. Entro a casa y me pongo a hacer la tarea inmediatamente. A los pocos minutos, recibo las calificaciones de mis tareas de la semana anterior. Me va bien, siempre me ha ido bien académicamente y la transición a la universidad no me quitó esto, pero mi éxito no me consuela. Después de completar mi tarea, empiezo a buscar información en el internet sobre los autores, las teorías y los eventos históricos que se mencionaron en clase. Me siento como una impostora. ¿Cómo es que me dejaron entrar a esta universidad? ¿Cómo se puede comparar mi desempeño académico con el de mis compañeros, quienes tienen la biblia memorizada, conocen el latín y se saben la bibliografía de todos los autores que leemos en clase? No pertenezco aquí.

Han pasado tres semestres desde que tomé esta clase, y aunque se repite la situación una y otra vez, he llegado a entender que no soy la única que ha sentido esta falta de seguridad intelectual. Lo que me sucede tiene nombre: hoy se conoce como el síndrome del impostor. Fue acuñado por las psicólogas Suzanne Imes y Pauline Rose Clance en los años 70 y, a nivel más básico, se refiere a sentirse un fraude constantemente. Sentir que todo lo que has logrado ha sido resultado de la suerte y no de tu propio desempeño (Cuncic 2021). Llevo casi cuatro años luchando contra los sentimientos negativos que me trae dicho síndrome (la vergüenza, la tristeza, el coraje), pero durante mi segundo año universitario, aprendí lo común que es esta experiencia entre la gente de mi sector demográfico. El síndrome del impostor afecta de forma grave a los estudiantes universitarios negros e hispanos, especialmente si son de primera generación. También afecta desproporcionadamente a las mujeres (Peteet, Montgomery, and Weekes 2015). ¿Por qué hay esta distribución desigual del síndrome?

El predominio del síndrome del impostor en estas poblaciones se debe a un conjunto de factores, pero el más importante es la falta de capital cultural. Este capital está compuesto de las disposiciones intelectuales con relación a la manera de hablar, el conocimiento acumulado y la educación que posibilita la movilidad social. La falta de este capital —una herencia atada a la etnicidad, al dinero y a la educación— debilita a los estudiantes a la hora de manejar los problemas de autoestima que trae la universidad. Tómese el mío como ejemplo. Soy una mujer latina con raíces mexicanas, de las que estoy sumamente orgullosa. Crecí en la ciudad fronteriza de Laredo, Texas, que tiene una población 95.6 % hispana ("Laredo, Texas Population 2021" 2021). Ni de niña, ni de adolescente me sentí una minoría, pero al mudarme a Austin, resentí la consecuencia de mi etnicidad: la falta de capital cultural.

Me afectó profundamente la falta de conocimiento que tenían mis padres acerca del sistema universitario estadounidense, aun sin ser estudiante de primera generación. Tengo memorizada, por ejemplo, la mirada de *perdón* de mi mamá, cuando, al estar por graduarme de la prepa, le pedía que me explicara lo de los costos, los préstamos y las becas universitarias. Me decía que, aunque había sacado su maestría en los Estados Unidos, lo había hecho hace mucho, en Laredo, donde y cuando la colegiatura era más razonable. Mi mamá fruncía las cejas mientras trataba de descifrar conmigo las explicaciones financieras que encontraba en el internet. No entendíamos nada acerca de lo que tenía que ver con financiar mi educación universitaria. Se disculpaba también cuando hablábamos sobre mi decisión de especializarme en inglés, decía que no me quería desanimar, pero que estaba preocupada porque no sabía qué trabajos iba a poder conseguir después de graduarme. Mi papá, quien no terminó su educación universitaria, simplemente se disculpaba por no saber "de todo este rollo". Me decía que, aunque no entendía exactamente lo que pretendía hacer con mi futuro, estaba orgulloso de mí. Dejaba que las conversaciones confusas y frustrantes las tuviéramos mi mamá y yo.

Así fue como entré a la universidad con una cantidad de preguntas que me ahogaban. ¿Cuáles clases debía tomar? ¿Qué opciones de carrera tenía alguien con un BA en inglés? ¿Cómo podía sacar más becas y qué tan *peligroso* era sacar préstamos fuera de la universidad? La primera vez que hablé con mi consejero académico sentí pena. Sentada frente a él, en un sofá pequeño, evitaba que mis ojos cafés y confusos se encontraran con los suyos, azules y eruditos. La pequeña oficina en la que repasamos todas mis preguntas me parecía enorme. Quizás esta sensación de pequeñez me causó el ver la cantidad de libros en los estantes que me rodeaban, o los múltiples monitores que usaba mi consejero para enseñarme los sitios de internet que podía visitar para entender mejor lo que me estaba explicando. Lo más feo fue que esta sensación se fue intensificando. Entre más tiempo pasaba en la universidad, más preguntas tenía; entre más preguntas tenía, más visitaba a mi consejero; y entre más visitaba a mi consejero, más me daba cuenta de que él daba por hecho que yo tenía cierto conocimiento innato del sistema universitario. No había mala intención de su parte, pero la forma en la que platicaba las cosas presuponía un capital cultural que yo no tenía. Tener que hacer preguntas que llegué a sentir que eran muy obvias, contribuyó mucho a que me sintiera impostora.

—Este verano deberías tomar un curso de preparación para el GRE —me dijo el señor Humphries mientras se ajustaba los lentes y se peinaba el pelo rubio y fino con los dedos.

Miré hacia el piso y me preparé para recibir una mirada incrédula de su parte:

—Disculpe, pero ¿qué es el GRE? —dije en voz baja.
Me volteo a ver y se disculpó:
—He estado haciendo esto de la consejería académica tanto tiempo que se me olvida que muchos estudiantes no saben de lo que estoy hablando a la primera. Gracias por ser honesta y aceptar que no sabes lo que es el GRE.

Le sonreí mientras me explicaba que el GRE era un examen de entrada para los programas de posgrado, pero por dentro sentía que el estrés me sofocaba.

Pensé mil cosas: "¿Cómo es que no estaba al tanto de este examen? Tengo planes de hacerme profesora y ni siquiera sé lo que se necesita para entrar a un programa de doctorado. ¿Qué hubiera pasado si no lo hubiera tomado a tiempo por una simple falta de conocimiento?". La energía que me tomó mantener la sonrisa fue justamente la suficiente para terminar la junta. Al momento que puse un pie fuera de la oficina se fruncieron mis cejas. Pasé rápidamente a la biblioteca y me puse a buscar los requisitos para una aplicación de doctorado. En ese momento acepté que nunca terminaría de buscar explicaciones; tampoco terminaría de darlas.

Hoy, cada vez que les hablo a mis padres sobre mis planes de hacer un posgrado, siento una confusión en el aire. Mi papá molesto, sentado en nuestro patio, me pregunta por qué tengo que salir del estado para estudiar. Le contesto que, a la hora de contratar a los profesores, las universidades prefieren diversificar su personal, y si quiero encontrar trabajo en Texas es importante que estudie fuera. Mi mamá, sentada al lado de mi abuela, quien comparte sus mismas preocupaciones, me pregunta cómo voy a pagar la escuela. Le explico que si entro a un buen programa de maestría o doctorado, no debo pagar nada. Sentados los tres en el carro frente a mi apartamento pequeño en Austin, mis padres me preguntan cuánto me tardaré en acabar mi doctorado. Les explico que depende de muchas cosas, pero que puedo contar con unos seis a nueve años de compromiso. Me da orgullo entender, poco a poco, cómo funciona el ámbito académico en el que me he situado, pero sería mentira decir que no envidio a los estudiantes que tienen acceso a toda esta información a diez pasos de su recámara y el capital cultural que les permite habitar este mundo con naturalidad.

También envidio a los estudiantes que tuvieron acceso a una mejor educación preuniversitaria. Cada vez que en clase se menciona un texto que no conozco y uno de mis compañeros dice "Nosotros leímos eso en la prepa", siento que se me calienta la sangre del coraje. Pienso en las miles de asignaturas inútiles que completé en la prepa. Recuerdo todas las veces que mis maestros pusieron una película en vez de dar clase y se me enrojecen las orejas al pensar en cómo se dormían en la parte de atrás del aula. Al principio de mis años universitarios, culpaba exclusivamente a dichos maestros por mi falta de seguridad intelectual. Si carecía de conocimiento académico era porque ellos no me lo habían dado. Mientras yo veía *Remember the titans* en mi clase de inglés, mis futuros compañeros universitarios estaban leyendo *La república* de Platón o estaban en clase de latín. Por varios meses culpé a mis maestros y su irresponsabilidad por mi falta de conocimiento, pero no tardé en empezar a culparme a mí misma. En vez de haberme quedado sentada viendo las películas que me ponían, me pude haber puesto a trabajar. Pude haber leído cantidades de libros con los que me toparía en la universidad. Pude haber aprendido otras lenguas o sobre las teorías literarias que hoy me resultan tan difíciles de aprender. El coraje que sentía hacia mis maestros y la envidia que sentía de otros estudiantes se ataron a un resentimiento hacia mí misma, por no haber tenido la iniciativa propia de adelantarme académicamente.

Entre todos estos sentimientos negativos hay una fortaleza que me ha ayudado a llegar hasta donde me encuentro hoy. Me falta un semestre para graduarme con una licenciatura en Inglés y Español. Aunque sé que tengo mucho que aprender, empiezo a reconocer cuánto he mejorado como estudiante y escritora. Hoy, no hay consejero académico que no me diga que soy una buena candidata para los programas de Literatura Comparada a los que quiero solicitar. Finalmente, he empezado a aceptar que mis logros no son el resultado de la suerte, sino fruto de la pasión que tengo por lo que hago y de la determinación que he mostrado para compensar los años de instrucción académica insuficiente que recibí en la prepa. Los obstáculos con los que me he enfrentado no me definen, tampoco mi falta de conocimiento del sistema universitario estadounidense, ni mi educación preuniversitaria. Me definen los tres años de recibir la distinción de *magna cum laude,* el trabajo que he hecho como asistente de investigación en proyectos que ayudan a los estudiantes hispanos con la transición a la universidad, y los múltiples ensayos por los que he sido reconocida por mis profesores de Inglés y Español. Sobre todo, me definen todos los momentos en los que vencí el miedo de ser impostora.

Aunque soy cautelosa de no olvidar los obstáculos con los que me he enfrentado durante mis primeros años universitarios, estoy al tanto de que, en comparación a muchos otros estudiantes, la he tenido fácil. Económicamente pertenezco a una clase media, soy ciudadana de los EE. UU., mis padres hablan inglés y yo lo aprendí desde muy joven. Aunque mi prepa me falló de muchas maneras, tuve maestros que me ayudaron con la transición a la universidad. Trato de imaginar lo difícil que resulta a los estudiantes de mi sector demográfico enfrentarse a estos problemas. Me parecería imposible asistir a la universidad si mi estatus migratorio me impidiera recibir préstamos para la colegiatura. Pienso en los estudiantes con padres que no hablan nada de inglés; me estreso al imaginar no tener una facilidad con ese idioma. Pienso en las mujeres que tienen que enfrentar una cultura machista al decidir asistir a la universidad. Todos estos son obstáculos con los que yo no tuve que enfrentarme y, aun así, viví el síndrome del impostor. Por esto, como futura profesora de Literatura Comparada, me gustaría dar a mis estudiantes el apoyo que yo recibí de mis profesores. Aunque darme cuenta de que no era un fraude fue resultado de mucha introspección, también fue producto de un apoyo incondicional de varios profesores. Como alguien que sigue en el camino de recuperarse del síndrome del impostor, espero poder algún día ayudar a los estudiantes sentados en la parte de atrás del aula si no responden cuando pregunto: "¿Quién ha leído este libro?".

Bibliografía

Cuncic, Arlin. 2021. "What Is Imposter Syndrome?" Medically reviewed by Amy Morin, *Verywell Mind*, Dotdash, February 26. https://www.verywellmind.com/imposter-syndrome-and-social-anxiety-disorder-4156469.

"Laredo, Texas Population 2021." 2021. Laredo, Texas Population 2021 (Demographics, Maps, Graphs). https://www.worldpopulationreview.com/us-cities/laredo-tx-population.

Peteet, Bridgette J., LaTrice Montgomery, and Jerren C. Weekes. 2015. "Predictors of Imposter Phenomenon among Talented Ethnic Minority Undergraduate Students". *Journal of Negro Education* 84, no. 2: 175–186. JSTOR, https://www.jstor.org/stable/10.7709/jnegroeducation.84.2.0175. Accessed March 24, 2021.

Un mundo que se nos va

El Ma(l) Menor

Yoel Villahermosa

Nos falta el Mar Menor, nos han robado su presente, por eso tenemos que acudir a su pasado para imaginar el futuro.

CUANDO ERA JOVEN, mi familia y yo teníamos un ritual secreto que nadie podía saber. Durante muchos años, con la luna llena, bajábamos a la playa exactamente a las 12 de la noche y allí, sin pensarlo, nos metíamos en el agua helada. "Ahora cerrad los ojos y pedid un deseo. Y cuando yo diga 'tres', nos capuzamos", decía mi abuela.

Entonces, sumergíamos la cabeza y, a tientas, en el suelo marino, agarrábamos la primera piedra que apareciera entre nuestras manos. "¿Tenéis todos una? Pues guardadla aquí —decía mientras abría una pequeña caja circular—, pero acordarse bien de cuál es la vuestra para la próxima vez, eh".

Un año más tarde nos volvíamos a juntar en el mismo lugar, cada uno con su piedra elegida. "Éste es el momento más importante, agarrad la piedra bien fuerte y tiradla hacia atrás. Y si lo hacéis bien, seguro que el deseo que pedisteis el verano pasado se cumplirá".

No puedo recordar las veces que pedí una Game Boy, o que el verano nunca acabara, o que me dieran un beso de esos que saben. Mi abuela tenía razón, todo se cumplió. Aunque me arrepiento de haber sido tan egoísta. Desde hace unos años ya no hay ritual de la luna llena, no porque falte mi abuela o alguno de los cómplices de esa ceremonia; lo que nos falta es el mar.

1970

Islas Menores es una localidad de esas que cada año renace durante tres meses. Los nueve restantes, el frío salado que trae el mar cala en paredes y puertas y la oscuridad ocupa unas calles vacías. Pero todo cambia en verano. Las vacaciones traen consigo el ajetreo de la vida. Por el día, los niños corren salpicando el suelo de pegajosas manchas de helado, mientras sus voces agudas se mezclan con el estridor de las chicharras. Cuando cae el sol, los más mayores sacan sus sillas empapadas de arena y se juntan en círculos para inundar las aceras de historias y cáscaras de pipas. Están por todas partes, en terrazas y en cada una de las esquinas donde corre el fresco. Están bajo la luz de una farola o en la penumbra de la noche. Esas asambleas litúrgicas están y estarán por siempre, porque son tan antiguas como el propio hombre. Pero en Islas Menores, es el círculo formado frente a una mujer el que más sonrisas atrapa.

K. tiene una belleza clásica, parece haber escapado de una película de Michael Curtiz. Bien peinada, los labios levemente pintados y las uñas siempre arregladas. "Pizpireta", como dice ella. Allí, sentada casi al borde de su silla para que los pies le lleguen al suelo, habla con ironía y desenfado hasta que le preguntan por Islas Menores y el Mar Menor. Entonces, apura su café hirviendo, se recuesta en su asiento, entrecruza los dedos y sus ojos se iluminan como las luces de un avión al despegar.

Como otros, ella y su familia llegaron a Islas Menores en el año 1970, atraídos por un mismo motivo: el Mar Menor. Separada del Mediterráneo por una estrecha lengua de tierra, esta albufera de agua salada del sudeste español ofrecía unas características únicas dentro de la península. Su agua cálida, poco profunda y cristalina, el delicado vaivén de su casi imperceptible corriente y la ausencia de olas dibujaban el marco perfecto para disfrutar de la tranquilidad de la familia.

Para K., aquello era el Caribe, apenas había tres edificios y algunas casas en primera línea de playa. Cuando hacía bueno, salían al campo a coger collejas y acelgas y, cuando había, caracoles. La laguna respiraba vida, las ostras vestían las rocas, el fondo marino estaba cubierto de doradas, quisquillas, bellotas... y hasta era frecuente encontrar caballitos de mar, una de las especies más emblemáticas del Mar Menor. Conforme la fauna de la albufera crecía, la población de Islas Menores y localidades aledañas aumentaba. Lo que había empezado a cuentagotas a finales de los años 50 y principios de los 60, en la llegada de la siguiente década se había convertido en un reguero imparable de gente. Alrededor de la vivienda de K. cada año surgían nuevos edificios y, a unos metros más allá, en un polideportivo transformado en discoteca, artistas de la talla de Sara Montiel, Rocío Jurado, Raphael, Peret, Machín, Lola Flores y Nino Bravo actuaban sin descanso verano tras verano.

De este *boom* de población también fue testigo J. En 1974, el mismo año en el que Julio Iglesias arrasó en el polideportivo de Islas Menores, J. decidió continuar con el legado de su familia y quedarse en el pueblo vecino de Los Nietos, sabiendo que, como el resto de los suyos, había tomado la decisión correcta: echarse a la mar. J. es pescador, y lo parece. Tiene algo del capitán Ahab, una mirada profunda y una presencia que, sin ser muy alto, pesa e infunde respeto. Como si el sol le hubiera robado todo el color, su pelo luce más blanco de lo normal. Afeitado, ancho de hombros y de pecho, tanto que cuando anda se encorva ligeramente hacia delante. Lo que más sorprende son sus manos saladas y descamadas, de esas que ya no saben acariciar. J. vio con sus propios ojos el crecimiento de las zonas cercanas al Mar Menor y considera, porque es un secreto a voces, que uno de los motivos de este aumento está asociado a los éxitos del hombre que revolucionó el turismo en la costa murciana, Tomás Maestre Aznar.

Aunque madrileño de nacimiento, Tomás Maestre Aznar perteneció a una de las familias que controlaban el sector empresarial en la Región de Murcia, y siendo un abogado de éxito, empezó a interesarse por el sector turístico. Su sueño era hacer de La Manga, esa estrecha lengua de tierra que separa el Mediterráneo y el Mar Menor, un terreno urbanizado donde proliferase el turismo y el ocio deportivo y recreacional. Para ello, y tras comprar en 1956 la totalidad del terreno, aprovechó sus contactos con el régimen franquista, entre ellos Manuel Fraga Iribarne, ministro de Información y Turismo de España, para cumplir su propósito. Gracias a esto, en 1963, La Manga fue declarada Centro de Interés Turístico Nacional, y de las dunas que antes formaban este lugar empezaron a surgir urbanizaciones. El objetivo era vender a España la idea de que La Manga podía ser una "segunda residencia" para la gente que vivía lejos del mar. Además, era un destino que ofrecía lo mejor de los dos mundos: la calma del Mar Menor y las posibilidades del Mediterráneo. Fue un éxito tal que el resto de zonas bañadas por la albufera se beneficiaron de este desarrollo urbanístico.

Para terminar de poner esta zona en venta, se le sumó la apertura de La Manga Club Golf Resort en 1972, fruto del contacto de Tomás Maestre Aznar y el empresario norteamericano Gregory Peters. A 7 kilómetros del Mar Menor, este complejo residencial contaba en sus inicios con dos campos de golf a los que se les unieron un tercero, veintiocho pistas de tenis, ocho campos de fútbol y un hotel de cinco estrellas. La apertura de algo así supuso una nueva vuelta de tuerca al turismo en la región. La zona no solo atraía a la población española, sino que empezaron a llegar turistas desde fuera del país, principalmente del Reino Unido y Alemania, buscando el lugar ideal para retirarse.

J. le debe mucho a La Manga Club, por eso cuando le preguntan sobre ello, entra en terreno contradictorio. Él es uno de los muchos que se benefició de la cantidad de empleo y dinero que generaba a la población local; sus sargos y lenguados dan de comer a más de un turista hambriento. Sin embargo, nunca ha sido capaz de dejar de preguntarse cómo un lugar como La Manga Club logra mantener tres campos de golf en una de las zonas más secas de España.

Para explicar esta anomalía, dice P., profesor universitario e hidrogeólogo, primero hay que comprender tres fenómenos clave. El primero es el del acuífero. Gran parte del Campo de Cartagena, incluido el Mar Menor, descansa sobre una red de acuíferos: formaciones rocosas que almacenan agua subterránea. Son unos enormes pulmones que, aunque tú no los veas, regulan el agua que entra y el agua que se va. Estos son los otros dos fenómenos clave: al agua que entra se le llama recarga y a la que sale, descarga.

El Mar Menor es el bebé de P. Cuando habla de él, lo hace con calma mientras sus manos revolotean en el aire dotando sus palabras de una magnitud acorde a lo que cuenta. Como un personaje entrañable de dibujos animados, sus ojos azules sobresalen cuando se sonroja, y en lo que dura una frase te roba el corazón con su acento francés para, un instante más tarde, hacerlo añicos con su deje murciano. Pese a su expresividad y el cariño con el que habla del tema, hay algo robótico en la manera en la que P. usa el lenguaje. Al simplificarlo, deja entrever que es un discurso que ha dado muchas veces a un público, en ocasiones, demasiado ajeno.

Cuenta P. que el descubrimiento de esta agua subterránea dio lugar a una perforación indiscriminada. Llegó a tal extremo que, entre los años 30 y 70, el acuífero del Campo de Cartagena se convirtió en un laboratorio de pruebas a nivel mundial para obtener y usar esa agua. Con el paso del tiempo, el acuífero empezó a quedarse vacío y tuvieron que poner bombas extractoras, en muchos casos ilegales, a distintos metros de profundidad para poder seguir sacando. Esa agua natural se usaba para regar campos y plantaciones que, a la vez que se multiplicaban, habían pasado de ser cultivos propios del clima de la región, como los de secano (cereales y almendros), a otros nunca antes vistos, los de regadío (cítricos y hortalizas). Cultivos tan demandantes, sumados a una población que crecía de manera descontrolada, exigían asegurar el crecimiento saludable de las plantas y acelerar los procesos de siembra. Para ello, se cargó el agua de riego con fertilizantes y el sobrante desembocaba en el mar o volvía una vez más al acuífero para ser sustraído de nuevo. Durante décadas se mantuvo este proceso de manera ininterrumpida mientras que, ajeno a la mayoría de ojos, el Mar Menor empezaba a dar signos de agotamiento.

1980 y 1990

Hay quien dice que los perros se parecen a sus dueños. J.I. no tiene perro, pero tiene un coche que es igual que él: deportivo pero elegante; delgado pese a su longitud; antiguo, aunque demasiado cuidado para que se le tache de viejo. El Peugeot 406 Coupé, más que un perro, es un tiburón de ojos apaisados y branquias prominentes. Bufa incluso después de pararse en seco, en perfecta simbiosis con el tiburón que lo maneja. J.I. es educado, escucha con atención y es paciente. Sus casi 60 años le han enseñado a esperar el instante oportuno para intervenir. Cuando llega su momento, abre la boca y habla mucho, lanzando palabras como afiladas dentelladas. Es categórico, guarda toda la sabiduría contenida para revelarla ante ti y te zarandea, no te suelta hasta que te des por vencido. Pero hoy no. Hoy viaja sin decir nada por una ruta que ha hecho cientos de veces. Un total de 470 kilómetros, algo más de cuatro horas, es la distancia que hay desde su casa de La Manga a Madrid. Es marzo y vuelve tras unas semanas de vacaciones en el lugar al que antes llamaba felicidad.

En algún punto del trayecto, dentro de su Peugeot, J.I. quizás recuerde cuando llegó por primera vez al sureste español. Era verano de 1986, le acompañaba su esposa, y ambos seguían una gran fila de coches que abandonaban el calor sofocante de la capital para disfrutar de sus recién adquiridas viviendas en el litoral. Se decidió por La Manga porque era un lugar en expansión, más barato y con unas posibilidades que otros emplazamientos como Benidorm o Marbella no tenían. Aunque no muy grande, su casa era perfecta para lo que él y su mujer buscaban: sol, una salida rápida al mar, piscina, supermercados; un lugar por el que pasear tranquilamente y gente a la que conocer; un sitio al que volver cada año y un refugio para sus hijos. En definitiva, una realidad diferente a la que tenían en Madrid.

Pero antes que el niño, llegó el barco. Nada le hacía sentir tan vivo como su rutina marítima de domingo. J.I. salía a media tarde con el sol desnudo en lo alto del cielo. El graznido de las gaviotas no le resultaba desagradable; él lo entendía como una nueva medida de espacio y tiempo. El viento del levante azotaba con violencia su cuello y el dobladillo de su polo mientras surcaba el Mediterráneo a toda velocidad. Más tarde, cuando caía la noche, se refugiaba al otro lado del cordón de tierra, fondeando en la laguna mansa, cenando besos, estrellas y champagne. Ésta era su libertad máxima y su razón de ser, la suya y la de una buena parte de la población de La Manga.

Hasta principios de los 70, los barcos aprovechaban para cruzar del Mediterráneo al Mar Menor por uno de los caminos naturales que los conectaban: el Canal del Estacio. Con el paso del tiempo, el número y el tamaño de las embarcaciones aumentó de tal manera que fue necesario ampliarlo. Se ensanchó, se dragó y se reformó, creando una vía mucho más extensa para que los botes navegaran sin riesgo de encallar. Se diluyó el problema. Sin embargo, bajo la superficie azul empezaron a ocurrir otros. El agua de la albufera es más caliente y más salina que la del Mediterráneo. La reforma del canal provocó una descompensación entre la cantidad de agua que intercambiaban los dos mares, ocasionando que el Mar Menor experimentara una bajada drástica de temperatura y de salinidad. Este fenómeno, conocido como mediterranización, provocó que el ecosistema de la laguna cambiara. Algas, nacras, babosas, medusas, cangrejos azules, especies que antes no tenían oportunidad de sobrevivir allí, ahora lo hacían y desplazaban a otras como langostinos, berberechos, agujas de mar, que habían prevalecido en aquel entorno.

El aire fresco de la costa hacía horas que se había convertido en un soplo a quemarropa sabor a asfalto y tierra seca. Parado en mitad de la autopista de pago AP-36 (Ocaña–La Roda), J.I.

baja con tranquilidad la ventanilla del Peugeot, silencia la radio y acerca su tarjeta a la encargada del peaje, con el tiempo suficiente para que ésta se fije en su Rolex Daytona. Los 16 mil euros en la muñeca y una sonrisa impecable se transforman en un conato de arcada cuando, antes de acelerar, J.I. respira profundamente buscando el perfume de la encargada, pero solo aspira el ácido tufo a estiércol. El tiburón brama mientras se aleja; quién sabe si piensa en el ridículo que hizo segundos atrás. De lo que sí está seguro es de que el olor a mierda es igual en muchas partes del Mar Menor.

El desarrollo urbanístico hizo que aumentaran los vertidos de aguas fecales en la albufera y provocó que ese hedor fuera algo muy recurrente en ciertas zonas. Al principio, este problema pasó a ser uno de los argumentos principales, junto con la proliferación de barcos, para ensanchar el Canal del Estacio. Empresarios como Tomás Maestre Aznar apoyaron la idea de que, mediante su ampliación, el agua contaminada se diluiría a una mayor velocidad al entrar en contacto con una masa de agua más grande. Esto no solucionó nada, y visto el fracaso de la medida, se prometió restablecer el canal a su forma original, cosa que nunca sucedió. No fue sino hasta mediados de los 80 cuando se llevó a cabo la obra de alcantarillado en los principales focos urbanos. Finalmente, en 1992, se llegó a un acuerdo para construir colectores y depuradoras que pudieran frenar los vertidos.

Con todos estos signos, era evidente que el Mar Menor estaba en peligro. Su salud empeoró. El agua empezó a ser más dulce y más fría, los fondos se oscurecieron y se hicieron más turbios y la superficie perdió su brillo. Todo esto lo habían advertido de manera continuada científicos, colectivos y asociaciones ecologistas a empresarios y fuerzas políticas que lo único que hacían era mirar para otro lado. El 23 de abril de 1987 se abrió una pequeña puerta a la esperanza. El Consejo de Gobierno de la Región de Murcia, liderado por el socialista Carlos Collado Mena, aprobó la Ley de Protección y Armonización del Mar Menor. En ella se proponía salvaguardar la integridad del conjunto de ecosistemas de la laguna y controlar el orden del territorio con un nuevo planteamiento urbanístico que le daba al gobierno regional el derecho de suspender proyectos de parcelación y edificación de terrenos.

Aquella ley murió en la orilla un mes después de nacer. Recurrida al Tribunal Constitucional por el cartagenero Federico Trillo-Figueroa y Martínez-Conde (Partido Popular), y otros 52 diputados, dicha apelación ocasionó que los planes acordados para proteger el Mar Menor cayeran en un limbo judicial de catorce años. Durante ese tiempo, el Tribunal Constitucional rechazó el recurso del Partido Popular (PP), y el grupo político respondía retrasando la aplicación de la norma. Hasta que el 24 de abril de 2001, la Ley de Protección y Armonización del Mar Menor fue enterrada por la Ley del Suelo propuesta por el Consejo de Gobierno de la Región de Murcia, controlada por el PP y encabezada por su presidente, Ramón Luis Valcárcel Siso. Con aquel documento, se permitía la construcción en cualquier territorio del litoral. Las empresas constructoras se aprovecharon del tiempo que duraron las disputas y, según los datos aportados por la organización Greenpeace, entre los años 1987 y 2011, la superficie artificial creció un 55 % en la albufera y su periferia. Así acababa uno de los intentos más relevantes de salvar el Mar Menor. Entre 1987 y 2017 no se aprobó ninguna ley específica para la protección de la laguna.

2016

Era mayo de 2016 y a J. no le pilló por sorpresa ver la sopa verde en la que se había convertido el Mar Menor; lo único que le desconcertó fue el gran alcance que tuvo la noticia. Aunque buena parte de España reaccionó con incredulidad ante una de las peores catástrofes medioambientales ocurridas en la laguna, J. ya lo sabía, lo había visto los días anteriores, incluso lo vio venir, pero nadie le preguntó, a nadie le importaba. Quizás fuera porque ser pescador es tomar la Mezcla de Griffin (Spolansky) disuelta en el café de las 5:30, ponerse el aro de Giges de camino al puerto y desaparecer; moverse en la penumbra y volver a hacerse corpóreo cuando el resto del mundo aún tiene legañas en los ojos. Por eso, J. solo hablaba del mar con sus compañeros de faena y nunca tanto como aquel mayo verde. Las ondas de la radio VHF, siempre llenas de política, fútbol, bromas, traían más suspiros y quejas de lo habitual. Ellos sabían que, con los años, el color del fondo marino se había tornado a un verde muy oscuro, pero nunca se imaginaron que ese color acabaría tiñendo toda la laguna. Lo que sí sabían, con total seguridad, era que lo más duro estaba por llegar.

Una superficie de 135 kilómetros cuadrados no se vuelve verde de un día para otro, sino que es la parte visible de un proceso prolongado. En el caso del Mar Menor, el color visto en 2016 provenía del incremento desmesurado de fitoplancton en el agua. Las causas de esta cantidad exacerbada de algas micros-cópicas son múltiples. Se puede relacionar con la mediterra-nización y las altas temperaturas del agua durante los meses anteriores, pero el elemento diferenciador fue la entrada des-medida de nutrientes en el mar. Históricamente, en la laguna se ha observado la llegada constante de fertilizantes y vertidos urbanos a sus aguas. Cuenta P. que las plantas y los animales del mar toleran, incluso crecen mejor con el nitrógeno, el fósforo, el potasio y todos los elementos que conforman esos nutrientes. La naturaleza es capaz de adaptarse mientras que los cambios ocurran de una manera equilibrada. Pero, en aquella ocasión, a un mar ya demasiado cargado se le sumaron, de manera ines-perada, los fertilizantes arrastrados por las lluvias torrenciales que inundaron el Campo de Cartagena meses antes.

Este enriquecimiento masivo del agua, también llamado eutrofización, no solo alteró su color, sino que elevó la crisis del Mar Menor hasta el punto de no retorno. La densidad de fitoplancton en las capas altas del mar era tal que los rayos del sol no llegaban a la vegetación existente por debajo de los tres metros. En esas condiciones, las praderas marinas que cubrían la laguna y que, precisamente, regulaban el carbono y los nutrientes, no pudieron realizar la fotosíntesis y murieron. De acuerdo a los estudios, se perdió el 85 % de esa superficie, que entonces pasó a ser fango. El ejemplo más extremo es el de la nacra, uno de los moluscos bivalvos más grandes del mundo y en peligro extremo de extinción, que pasó de tener una población de un millón a estar entre las tres mil y cuatro mil especies.

Cuando P. vio las imágenes de un Mar Menor con aspecto de crema de calabacín, quizás se le escapó una sonrisa amarga. Se encontraba en Canadá, a punto de empezar un nuevo proyecto para investigar los aportes del agua subterránea a la laguna. Aquel 18 de mayo, cuando salió la noticia en los diarios, el mar estaba en boca de muchos medios de comunicación. Pese a lo triste de la noticia, a P. le vino bien. Ese mismo año había publicado un resumen del estado de las aguas del Campo de Cartagena. La situación en ese momento hizo que su trabajo tuviera un impacto más allá de la academia, y las noticias corroboraban la veracidad y la importancia de sus estudios. Sumado a eso, poner el foco en aquel lugar abriría la posibilidad de recibir apoyo para desarrollar proyectos orientados a desarrollar un mejor conocimiento de las condiciones del Mar Menor. En otras palabras, le aseguraba a P. un futuro.

El futuro de J., por su parte, pendía de un hilo. La pesca durante los meses siguientes no fue positiva. Tras la muerte de gran parte de las praderas marinas, la cantidad de oxígeno en el agua era tan escasa que los peces no se desplazaban para evitar consumir lo poco que quedaba. La falta de movimiento ocasionó que bajara la calidad del pescado. Su tamaño y peso eran menores de lo habitual, y eso se tradujo en un precio y unas ventas muy por debajo de las esperadas. A esto se le sumó la desconfianza que generaba el Mar Menor y todo lo que venía de allí. Nadie quería comprar alimentos de un lugar con el agua verde, y pese a que el pescado era apto para ser consumido, la demanda cayó en picado. A finales de 2016, lo que le quitaba el sueño a J. no eran los beneficios de ese mes, era la incertidumbre de saber si habría temporada siguiente. Al no tener luz ni oxígeno, los huevos de peces puestos durante la eutrofización no eclosionarían, entonces no habría nada que pescar, no habría futuro ni para él ni para el Mar Menor.

2019 y 2020

Algo pasa, el nudo te oprime, te falta el aire, necesitas respirar. Inhalas. Pulmones llenos que lentamente se vacían. Te empiezas a liberar. ¿Recuerdas esa sensación? Todos estamos ahí. Ahora imagina que por más que lo intentas el oxígeno nunca llega. Sientes la sangre correr por cada una de tus venas. Abres más y más la boca buscando bocanadas de aire que no existe. Nada. Lo sabes, ¿no? Pánico. Gritas. Braceas. Te agotas. Sal en tu garganta. Sal en tus pantalones. El pecho te arde. Resistes. Te rindes. Resistes. Te rindes. Lo asumes, ¿no? La cabeza es lo primero que te abandona y ya eres solo memoria. Colores. Azul. Verde. Amarillo. La vista se nubla y se te cierran los ojos. Negro. Dejas de ser. Nos vemos allá abajo. O allá arriba. A los peces les pasa algo parecido cuando se ahogan. Ellos nacieron sin párpados. Cuando se ahogan se te quedan mirando y tú te acuerdas de ellos, observándote, con la boca abierta, asombrados, como si conocieran el rostro del que los mató.

Se necesita la muerte para que el mundo se dé cuenta de que algo no funciona. Y de eso se llenaron los medios de comunicación aquel día: "Crónica de la muerte del Mar Menor" (*La Opinión de Murcia*), "El Mar Menor en la UCI" (*El País*), "Mar Menor: Death Hidden in Water" (wearewater.org). Todas las noticias se referían al suceso que impactó a España el 12 de octubre de 2019. En la zona norte del Mar Menor aparecieron, junto a la orilla, los cadáveres de más de tres toneladas de peces y crustáceos ahogados. La gente, incrédula, se agolpaba al borde de las playas y agarraba los peces que se encontraban vivos en la arena para lanzarlos de vuelta a su hábitat. Pero allí no querían estar, preferían morir en tierra.

En 2016 se había perdido la mayor parte de las praderas marinas que intentaban regular la inmensa cantidad de nutrientes y residuos orgánicos en el agua. Esto dio lugar a que se consumiera un alto porcentaje del oxígeno de la laguna. Durante los años siguientes, 2017 y 2018, hubo cierta euforia entre la población ya que el color verde desapareció para dar paso a un mar transparente y cristalino, aparentemente saludable. Muchos políticos promovieron la idea de que el Mar Menor estaba en vías de recuperación, pero la realidad no podía ser más distinta. La contaminación procedente del turismo y la agricultura no había cesado en ningún momento, haciendo más alto el índice de eutrofización. Esto se confirmó en agosto de 2019, cuando el mar se volvió a tornar verde. Entonces llegó la DANA.

La Depresión Aislada en Niveles Altos (DANA, comúnmente conocida como *gota fría*), dejó —entre el 9 y el 15 de septiembre— un Campo de Cartagena anegado: miles de viviendas afectadas, más de setecientos rescatados y ocho muertos en las inundaciones. La mayor parte de esa agua acabó en el Mar Menor y con ella, las mil toneladas de sedimentos, nutrientes y materiales pesados que arrastraba.

Esto provocó, como cuentan los expertos, la creación de dos capas en la albufera: la profunda, en descomposición, que provocó un nivel de toxinas muy alto y con una ausencia casi total de oxígeno; y la superficial, mucho menos salina al haberse mezclado con el agua de lluvia e incapaz de incorporarse a la capa profunda por su poca densidad. Esta capa en la superficie se mantuvo estable durante semanas y creó un tapón que impidió que llegara oxígeno al estrato profundo, desencadenando allí una ausencia total de dicho elemento y provocando la muerte de todo lo que se encontraba. Además, la descomposición de estos organismos generó más toxinas y aumentó la eutrofización.

Los supervivientes huyeron hacia la capa más alta para respirar. Desafortunadamente, los que se movieron hacia la costa norte tuvieron la mala suerte de que el viento desplazara la capa superficial hacia el centro de la albufera; la capa profunda, sin oxígeno, ascendió rápidamente y los peces y los moluscos quedaron atrapados entre una masa de agua letal y la orilla.

La catástrofe provocó que durante semanas se vertiera una

oleada de información constante sobre el estado de salud del Mar Menor. Las imágenes de la *sopa verde* habían sensibilizado a parte de la población, pero esto no tenía comparación. Día tras día se entrevistaba a asociaciones medioambientales, pescadores, vecinos, testigos, expertos y figuras políticas. Desde el gobierno regional, su presidente Fernando López Miras (PP) culpó directamente a la *gota fría* de la muerte de cientos de miles de peces y crustáceos, rechazando, como sus predecesores, la idea de un mar en peligro de muerte desde hacía años. Frente a esto, el pueblo decidió que era momento de hablar. El 30 de octubre, alrededor de 55 mil personas hastiadas de no ser escuchadas se dieron cita en las calles de Cartagena bajo el lema: "SOS Mar Menor". La respuesta del ejecutivo no se hizo esperar y anunció que tomaría medidas contra el sector agroindustrial, que a su juicio era el culpable único en el asunto, en lugar de tratar el estado de salud de la laguna como un problema medioambiental real.

En el momento en el que se escribió este relato (2020), la situación del Mar Menor no ha cambiado. Desde el punto de vista político, el gobierno regional (PP) se exime de responsabilidades y pide al gobierno de España (Partido Socialista Obrero Español [PSOE]-Unidas Podemos) que ofrezca soluciones al problema. Mientras eso ocurre, los parámetros que controlan el estado de la albufera indican una situación peor que en abril del año pasado. La salinidad, vital para que lleguen nuevas poblaciones a la laguna, ha disminuido, y los niveles de turbidez han aumentado al triple. Estos datos indican que, pese a las imágenes de un agua verde, la muerte de toneladas de organismos y el grito de miles de personas, el Mar Menor sigue siendo, para algunos pocos, un mal menor.

Epílogo

"¿Qué hacemos? —preguntó—. Con suerte con lo que vamos cogiendo nos da para acabar el año, pero después... Dios sabrá.

Ahora mismo solo se puede pescar pegado a la costa; mar adentro, olvídate. Estamos sacando menos que nunca. Se nos ha vetado pescar durante las dos temporadas más importantes del año, la de la dorada y la del langostino. Con toda la red que tenemos y solo subimos esto... pues a ver...".

Para muchos el Mar Menor es un lugar intermitente, aparece y desaparece. Te acuerdas de él cuando te conviene, cuando quieres tomar el sol o refrescarte. El resto del tiempo es una idea. Pero la laguna está allí a todas horas, todos los días. Estuvo antes que tú y estará cuando ya no estés. Esto solo lo tienen en cuenta quienes le deben su vida al mar. J. es uno de ellos. Tras superar con dificultades el 2016, los dos años siguientes fueron igual de malos. Si la pesca ya era una profesión donde la suerte jugaba un papel importante, en el Mar Menor era vital. "Ya no pescas todos los días que sales, normalmente no te llevas casi nada, excepto un día que coges casi lo de un mes". ¿Cuándo? Imposible de saber. ¿Te pillaría la suerte pescando? Quizás.

Tras la DANA de 2019, lo peor no era ya sacar peces, era lo poco que valían. ¿Qué importaba la cantidad si nadie los quería? La *gota fría* y las imágenes de un mar desolado trajeron una desconfianza por el producto nunca antes visto. "Esperaremos a que la gente vuelva a confiar en nuestra pesca, pero la población ya ha asociado el Mar Menor con baja calidad y contaminación, y lidiar con eso es complicado. Se avecinan unos años durísimos, aguantaremos, pero lo tengo claro, cada vez me queda menos de estar aquí. Si la situación no mejora, terminaré pescando en el Mar Mediterráneo... es difícil... tú y todos hemos visto que lo que hay aquí no es solamente una catástrofe medioambiental".

~

"Voy a menudo, como dos o tres veces al año. No me puedo retener, voy allí de vacaciones, pero trabajo todo el tiempo. Es mi sitio. Es muy personal el Mar Menor para mí", P. te lo dice con una voz tan cálida que, por una parte, te abraza y, por otra, te sobrecoge, porque sientes que es algo que le hace feliz. Habla con tanto respeto del lugar que cuando le preguntas su opinión de experto sobre quién es responsable de la catástrofe y si existe una solución al problema, él directamente no se moja. "Tenemos un embalse gigantesco que está petado de contaminantes con unos valores que yo no he visto en otros sitios. Cortar la agricultura hoy no tendría sentido, solo para algunos actores de la sociedad. Hay que intervenir el agua que sale, poniendo bombas en el borde costero del acuífero. Limitar el flujo que sale es algo factual, algo que se puede hacer en cuestión de tiempo, de meses, pero se tiene que hacer un trabajo previo y posterior sobre el control".

P. es incansable, te podría enterrar en datos y conocimiento, lleva diez años estudiando la albufera y no se cansa de trabajar. "Lo que mantiene mi interés y lo que hace que invierta tiempo y dinero allí es que siento una injusticia por el Mar Menor. Nos estamos portando de forma injusta. Yo trabajo para que este problema se tome en serio y fomente la esperanza de que, al final, solucionemos algo. Ser parte del Mar Menor, estudiarlo, o hacer algo como lo que tú estás haciendo, es apasionante, es el campo de estudio más interesante que pueda haber, porque sientes que eres útil".

—

J.I., en su casa de Madrid, nunca se había sentido ni tan próximo ni tan lejos del Mar Menor. Las noticias durante aquellas semanas de muerte lo llevaron a ese lugar en el que había pasado casi treinta años de su vida. Formó una segunda vida allí. Tenía amigos, un barco, caminatas durante el día, noches de brisa, cena y copas. Nunca lo dirá, pero se había acostumbrado al ruido y al tráfico de La Manga. Había visto crecer a su hijo al mismo ritmo que cada uno de los 21 kilómetros del estrecho litoral y, aun así, le quedaba un regusto amargo, como si paladeara al levantarse tras una noche de esas que se alargan. Desde 2016 su mujer bajaba en contadas ocasiones. "El mar da un poco de asco", decía. Ese "en cuanto mejore yo voy" de su familia, se prolongaba en el tiempo, y la realidad era que cada año disfrutaba menos de aquel lugar.

"Se lo han cargado —decía mientras le daba golpecitos al volante—. La Manga tiene que tener vida todo el año, construir más, apostar por el turismo, que es lo que da dinero, ponerlo bonito y dejarse de historias, hacer las cosas bien... Se lo han cargado y ganas me dan... ganas me dan de poner el cartel de se vende e irme a otro lado, pero...". El tiburón guardó los dientes y se quedó en silencio. Duró un instante eterno. Alto voltaje electroquímico cerebral. Tal vez se le vinieron todas las realidades juntas. Acaso pensó que promover la construcción y el turismo no mejoraría la situación, sino lo contrario. A lo mejor cayó en la cuenta de que él podría formar parte de ese *se lo han cargado*. O, quizás le llegó toda la pena en un solo segundo. Se recompuso y solo dijo: "Texas, ¿eh?, me alegro".

—

K., a diferencia de J.I, siempre había estado cerca del Mar Menor, por eso cuando vio las imágenes de los peces agonizando en la orilla, no pudo alejarse, solo le quedó arroparse en su pasado y su tristeza. "Me dio mucha pena, porque cuando yo llegué, el pescador pasaba por allí con el pescado fresco y ahora mira donde está", K. se expresa de una manera que te revuelve por dentro y que resulta desconsoladora; sus respuestas sobre el presente están condenadas a una referencia al pasado. Si le preguntas cuál es el cambio más grande que ha notado en Islas Menores, ella dirá: "Sin duda, el de las casas, y por supuesto, la gente. Es como un hormiguero ahora. Antes, cuando tú entrabas a Islas Menores, por la carretera veías la playa perfectamente. Ahora es impensable". Antes. Ahora. Parece imposible un presente en el Mar Menor sin acudir al pasado. La laguna era, pero ya no es. Hay una nostalgia por el presente, por algo que está, pero que se ha perdido.

Es normal que K. hable del ahora recordando, porque su pasado es su presente. Para ella, estar en Islas Menores era un sueño. "Mis mejores ratos los pasé allí, porque yo llevé a mis hijos y los vi crecer... y después a mis nietos", dice mientras se le quiebra la voz y se queda en silencio, como si se le agolparan todos los recuerdos en la garganta. Quizás pensaba en volver a esas mañanas de aventuras y noches de risas, o al grito de "¡somos los mejores!" y al tierno mandato de "pero de vuelta a las 12, eh". Ese sueño de volver es, también, culpable de que la voz de K. se quiebre. Es algo que va más allá de la vejez y del paso del tiempo. Son momentos que no se van a repetir, porque el lugar parece el mismo, pero es completamente distinto.

Para K. eran tan importantes esos recuerdos que, a base de felicidad y cariño, los logró transmitir a sus hijos y a sus nietos. De esa transferencia nació el ritual de la luna llena, en el que la única manera de que se cumpliera tu deseo era retornar al año siguiente a la orilla del Mar Menor. Al principio, estabas dispuesto a regresar para que tal vez te regalaran una Game Boy, o para que el verano nunca acabara, o que te dieran un beso de esos que saben. Con los años te has dado cuenta de que el verdadero regalo era la posibilidad de volver.

Bibliografía

Alarcón, Pity. 2020. "El Mar Menor entre galgos y podencos". *La Opinión de Murcia*, 18 de febrero. www.laopiniondemurcia.es /opinion/2020/02/19/mar-menor-galgos-podencos/1092503 .html.

Álvarez, Clemente. 2020. "Mar Menor, cuando el desprecio al medio ambiente se vuelve contra nosotros". *El País*, 14 de febrero. www.elpais.com/elpais/2020/02/14/eps/1581678745_698258 .html.

Buitrago, Manuel. 2019. "Así murió la ley de 1987 que protegía el Mar Menor". *La Verdad*, 16 de octubre. www.laverdad.es /murcia/murio-protegia-menor-20191016005912-ntvo.html.

Cabrera, Silvia. 2019. "Vertido de aguas fecales en el Mar Menor desde Torre Pacheco". *La Opinión de Murcia*, 28 de agosto. www.laopiniondemurcia.es/comunidad/2019/08/28/vertido -aguas-fecales-mar-menor/1047862.html.

Cid, Guillermo. 2019. "Miles de peces muertos en el mar Menor: la verdadera razón del desastre en Murcia". *El Confidencial*, 14

de octubre. www.elconfidencial.com/tecnologia/ciencia
/2019-10-14/mar-menor-motivos-muerte-peces-crustaceos
-778_2281900.

Domínguez, José Luis. 2016. "De cuando en 1986 ya intentó pro-
tegerse el Mar Menor". *Diario de La Manga*, 8 de febrero. www
.diariodelamanga.com/historia/2016-02-08/ano-1986-primer
-intento-s erio-de-proteger-el-mar-menor-3546.

"Ecologistas denuncian la 'enorme sopa verde' en la que se ha
convertido el Mar Menor". 2016. *Europa Press*, 20 Minutos
Editora, S.L., 27 de mayo. www.20minutos.es/noticia/2757559
/0/anse-wwf-denuncian-enorme-sopa-verde-que-se-ha
-convertido-mar-menor.

"El Mar Menor, convertido en una sopa verde por la proliferación
de algas". 2016. Club Iagua, 27 de mayo.WWF. www.iagua.es
/noticias/espana/wwf/16/05/27/mar-menor-convertido-sopa
-verde-proliferacion-algas.

Enguíx, Salvador. 2019. "La dejadez y el olvido condenan al Mar
Menor". *La Vanguardia*, 21 de octubre. www.lavanguardia.com
/natural/20191021/471095728745/mar-menor-murcia-peces
-muertos-medio-ambiente.html.

E.P. 2016. "El Mar Menor se quedará sin peces en primavera". *La
Opinión de Murcia*, 27 de diciembre. www.laopiniondemurcia
.es/comunidad/2016/12/27/mar-menor-quedara-peces
-primavera-31956149.html.

García Charton, Federico. 2019. "Crónica de la muerte del Mar
Menor". *El Diario*, 19 de octubre. www.eldiario.es/murcia
/murcia-y-aparte/cronica-muerte-mar-menor_132_1301036
.html.

Gil, María José. 2019. "La 'sopa verde' reaparece en el Mar Menor".
La Opinión de Murcia, 23 de agosto. www.laopiniondemurcia
.es/comunidad/2019/08/23/sopa-verde-reaparecemar-menor
/1046885.html.

López Guerrero, José Antonio. 2020. "El Mar Menor lleva décadas
enfermo". *The Conversation*, 12 de enero. theconversation.com
/el-mar-menor-lleva-decadas-enfermo-129630.

"Mar Menor: Death Hidden in Water". 2019. WeAreWater Foun-
dation, 23 de diciembre. www.wearewater.org/en/mar-menor
-death-hidden-in-water_324061.

"Miles de peces agonizan en el mar Menor". 2019. *El Confidencial,*

15 de octubre. www.elconfidencial.com/multimedia/video
/sociedad/2019-10-15/mar-menos-peces-muertos
-contaminacion_2282240.

Navarro Leandro, José. 2017. "Juan Manuel Ruiz, las praderas sub-
marinas y su importancia en el Mar Menor". *Ecomandanga*, 11
de julio. www.ecomandanga.org/2017/07/11/juan-manuel-ruiz
-las-praderas-submarinas-y-su-importancia-en-el-mar
-menor.

Nieto, Marya G. 2016. "El Mar Menor es un 'desierto de fango'".
El País, 29 de noviembre. www.elpais.com/elpais/2016/11/29
/ciencia/1480415993_088103.html.

Prieto, Carlos. 2019. "Muerte del Mar Menor: El informe ignorado
que alertó de la catástrofe hace 20 años". *El Confidencial*, 25 de
noviembre. www.elconfidencial.com/tecnologia/ciencia/2019
-11-25/mar-menor-murcia-cartagena-peces-muertos_2346788.

"Protección a toda costa: Un tesoro que no debemos perder".
2017. Greenpeace, 10 de julio. www.archivo-es.greenpeace.org
/espana/Global/espana/2017/documentos/oceanos
/INFproteccion%20EMAIL%20(1).pdf.

Limón, Raúl. 2016. "El Mar Menor, al borde del colapso". *El País*, 7
de julio. www.elpais.com/politica/2016/06/15/actualidad
/1466007368_066035.html.

"¿Qué sabemos de las muertes de animales marinos en el Mar
Menor?" 2019. *Maldita.es*, 28 de octubre. www.maldita.es
/malditaciencia/20191028/que-sabemos-de-las-muertes
-de-animales-marinos-en-el-mar-menor.

Rubio, Mónica. 2019. "El Mar Menor, el gran reservorio de la
amenazadísima nacra". *Elclickverde*, 26 de febrero. www
.elclickverde.com/reportajes/el-mar-menor-el-gran
-reservorio-de-la-amenazad%C3%ADsima-nacra.

Sánchez, Alberto. 2020. "Menos salinidad y más clorofila en un
año perdido para el Mar Menor". *La Opinión de Murcia*, 4 de
julio. www.laopiniondemurcia.es/comunidad/2020/04/07
/salinidad-clorofila-ano-perdido-mar-34856840.html.

Sánchez, Esther, y Virginia Caldillo. 2019. "El mar Menor, en la
UVI". *El País*, 14 de octubre. www.elpais.com/sociedad
/2019/10/14/actualidad/1571079030_811888.html.

Silva, Rodrigo. 2019. "La causa de la muerte de los peces en el Mar

Menor". *El País*, 19 de octubre. www.murciaconfidencial.com /2019/10/la-causa-de-la-muerte-de-los-peces-en.html.

"Usemos la ciencia para salvar el Mar Menor". 2019. *Ecomandanga*, 14 de octubre. https://ecomandanga.org/2019/10/14/usemos-la-ciencia-para-salvar-el-mar-menor.

El huracán Michael y las realidades del cambio climático

Sara-Marie Greenman-Spear

En octubre de 2018, el huracán Michael golpeó y casi diezmó Panama City, Florida, mi ciudad natal. Fue un huracán de categoría 5, la más fuerte y letal. El huracán destruyó muchos edificios, causó daños de millones de dólares y mató a 74 personas, pero no es simplemente una anomalía. El huracán Michael y muchos de los desastres naturales son síntomas de un problema más grande: el cambio climático. Por eso, este artículo explora la relación entre el cambio climático y los huracanes, el impacto en la vida de cada persona y algunas soluciones viables para la gente común.

"¡MIREN, MIREN! ¡Los caimanes se están moviendo!", gritó mi primo a mi lado, mientras los mirábamos desde un muelle sobre el lago Gator. De niños íbamos ahí antes de ir a la playa. Estaba muy cerca de la bahía donde siempre nadábamos con nuestros abuelos durante los veranos. Los dos, el lago y la playa, están en un parque nacional en Florida, al lado del Golfo de México, donde vivía. Mi primo empezó a señalar un caimán a la derecha. Sus gritos aumentaron y formaron parte del ambiente ruidoso. Creí que iba a saltar de alegría. No me parecía una reacción apropiada, pero supuse que era normal para su edad porque tenía 7 años ese verano. Yo tenía solamente 9 años, pero creía que era madura, casi una adulta. Decía que no estaba muy entusiasmada por ver un animal tan común como un caimán, pero en realidad siempre me encantó ir a la playa, ver los caimanes y nadar en la bahía. Ahora, más de diez años después, todavía puedo oler la sal en la brisa marina, oír el chirrido de la arena bajo mis pies y sentir el golpe de las olas contra mis piernas.

Mis abuelos aseguraron a mi primo que también vieron los caimanes y lo increíbles que eran. Después, nos llevaron a la playa, donde pasamos el día. Jugué en el agua y en la arena. Supongo que me olvidé de la reacción de mi primo, porque lo dejé construir un castillo conmigo. También subimos unas colinas de arena y nos deslizamos por ellas. Fue un día perfecto. Era uno de los típicos veranos de mi niñez.

En el año 2018, recordé esa época y el resto de los veranos de mi infancia cuando no me importaba nada más que pasar los días en la playa. En el 2018, un huracán casi destruyó Panama City, mi ciudad natal, en Florida. Ya no es lo mismo. Ya no existen las dunas por las que rodábamos. La arena en sí es diferente. En los días de mi infancia, era límpida y tan blanca como el azúcar. Se decía que teníamos las playas más hermosas del mundo. Ahora, la arena es sucia. No sé si el lago con los caimanes todavía existe. Sin embargo, sé que muchos hábitats como los Everglades, con caimanes y otros animales, están desapareciendo de Florida.

Esta realidad es el resultado de la crisis ambiental. Sin importar el nombre —cambio climático, calentamiento global— esta crisis tiene muchas consecuencias serias en nuestro mundo. Causa huracanes fuertes, incendios forestales, sequías y otros problemas graves. Pero el hecho más importante es que no podemos vivir con estas consecuencias —necesitamos los recursos naturales que van a desaparecer— y por esto debemos parar esta crisis. Sin embargo, muchas personas, incluso líderes nacionales, niegan que haya un problema y que los humanos lo causen. Aunque los huracanes fuertes muestran que existe un problema urgente que debemos resolver ahora.

El huracán que sacudió mi ciudad natal se llamaba Michael. Fue de categoría 5, el más fuerte en esa temporada de huracanes. Fue el tercero más fuerte por su presión y el cuarto por la velocidad del viento que golpeó los Estados Unidos continentales (Masters 2018). Esta fuerza causó mucha destrucción y devastación en Florida. En Panama City, se destruyó el 85 % de los edificios y murieron, por lo menos, 74 personas (Allen 2019).

Vi la destrucción por primera vez unos días después de que pasó, cuando un viejo vecino de mis abuelos mandó fotografías de los patios y las casas del barrio. Existían muchos árboles, pero en las fotografías todos se habían caído. Uno se cayó sobre la antigua casa de mis abuelos. Bromearon que tuvieron suerte de ya no vivir allí, pero sé que las imágenes les impactaron. Yo me sentí muy triste. El huracán destruyó mi niñez. Subía a los árboles, correteaba en el patio y jugaba en la casa, ahora destruida, de mis abuelos. Había un árbol en el patio que era mi árbol porque empezó a crecer cuando yo nací. Cuando me di cuenta de que era probable que no existiera más, sentí una pena enorme. Fue como si yo estuviera haciendo el luto por la pérdida de una parte de mi ser.

Michael no es una anomalía. Durante los dos años anteriores, tres huracanes de categoría 5 golpearon parte de los Estados Unidos: Matthew, Irma y María, que golpeó Puerto Rico. También está Harvey, que en 2017 golpeó la costa de Texas. Todos ellos produjeron mucho daño, y las reparaciones costaron mil millones de dólares. Los huracanes son cada vez más fuertes; es decir, cuando superan la categoría 3, significa que los vientos son muy fuertes. Con esta fuerza, no solo hay vientos con velocidades muy rápidas, sino que hay más precipitación y mareas ciclónicas más altas. Todo es más intenso, y por eso hay mucha destrucción y muerte.

Estos huracanes son síntomas de algo más grande. Según la Unión de Científicos Conscientes, el océano absorbe "93 % del aumento de la energía del planeta" (Union of Concerned Scientists 2019). Esta energía sobrante hace que aumente la temperatura de los océanos. Los huracanes se forman cuando el aire caliente y húmedo sube a la superficie del agua. Más aire caliente significa que hay una mayor probabilidad de huracán. Además, hay más agua, lo que necesitan los huracanes como combustible, junto con el aire más caliente. Así es como se forma un huracán fuerte. También, hay menos agua fría para desacelerar el proceso. Como resultado, los huracanes aparecen con mayor frecuencia y son más grandes, poderosos y dañinos.

Otro problema del cambio climático que produce huracanes más poderosos es el aumento en el nivel del mar, causado también por el aumento de la temperatura global. Cuando la temperatura sube, el agua se expande y el hielo se derrite. Por eso el agua de los océanos se eleva. Este aumento ha sido de alrededor de 7 a 8 pulgadas, pero se ha acelerado en las últimas décadas y lo hará más en el futuro (Union of Concerned Scientists 2019), lo que significa más agua para crear mareas ciclónicas: una crecida de agua empujada hacia la orilla. Las mareas ciclónicas pueden causar muchísimo daño porque ocasionan inundaciones repentinas, posiblemente a la velocidad de unos pies por minuto (McFall-Johnsen 2019).

Quizás no vives cerca de una costa. No te importan los huracanes porque no te afectan. Quizás me preguntarás: "¿Por qué debo preocuparme por el cambio climático cuando no experimento los huracanes?".

Yo creo que todos debemos preocuparnos por los problemas del mundo, porque afectan a otros seres humanos y realmente nos afectan indirectamente. Pero si piensas de manera diferente, es probable que te afecten otros resultados del cambio climático, como las inundaciones, la sequía o los incendios forestales. Tal vez vives en una región árida con muchos incendios forestales, como en California, donde hay millones de personas en peligro de perder todo por el fuego; o vives en una región sin suficiente agua para regar las plantas o los cultivos para vivir; o no vives en ninguna de las regiones mencionadas, pero dependes de sus productos para tu alimentación. Por eso, todos nosotros estamos afectados por el problema del cambio climático y debemos detener esta situación.

Me perjudican también otros problemas del cambio climático, no solamente los huracanes. Por ejemplo, este verano manejé con mis padres y mi hermano para visitar a nuestra familia en Alabama y vi otros problemas. Recuerdo que cruzamos el río Mississippi y me sorprendió que estuviera tan alto. Nunca lo había visto así. El agua cubría los terrenos inundados a los lados del río. Había árboles y vegetación, pero no pude ver todo. Cuando llegamos a la casa de nuestra familia, solamente pudimos quedarnos allí pocos días debido a la lluvia y las inundaciones. Tuvimos que interrumpir nuestro viaje para evitar las inundaciones por si no se podía cruzar el río. Me sentí enojada: ¡la lluvia arruinó mi viaje!

Esta experiencia es diferente a la de años anteriores. Mi familia y yo íbamos a una ciudad en Nuevo México donde vivió mi madre de niña, pero no pudimos llegar por los incendios forestales, que no eran tan malos como otros en California. No quemaron la misma cantidad de bosque, ni duraron tanto tiempo. Sin embargo, causaron mucho daño y no pudimos hacer nuestro viaje. Obviamente, estos dos ejemplos son diferentes, pero ambos son resultado del cambio climático y muestran que tiene muchos efectos horribles que debemos detener.

Es algo triste pero cierto: el cambio climático y sus efectos aumentarán si no hacemos algo para detenerlos. Según la Unión de Científicos Conscientes, el nivel del mar "subirá entre uno y cuatro pies a nivel mundial para el fin del siglo" (Union of Concerned Scientists 2019). La temperatura global subirá y causará otros problemas. Necesitamos tomar decisiones antes de que sea demasiado tarde. Pero hay que actuar con urgencia, aunque algunas personas digan cosas diferentes.

Por supuesto, mucha gente común no sabe cómo ayudar. Es un problema grandísimo y somos solamente una parte pequeña del mundo, por eso algunas personas creen que no podemos hacer mucho. Es verdad que muchas soluciones necesitan ser adoptadas a nivel nacional y global, pero la gente común puede hacer algo también.

Quizás podemos ayudar más eficazmente a actuar "como ciudadanos y como consumidores" (Arguedas Ortiz 2018). Primero, actuar como ciudadano significa votar por reglas y candidatos que apoyen las soluciones para el cambio climático. Muchos gobiernos no hacen lo suficiente para detenerlo y necesitamos elegir a personas que sí lo hagan. También podemos actuar como ciudadanos y levantar nuestras voces: llamar a los representantes, manifestarnos.

Al actuar como consumidores, debemos escoger de manera inteligente las cosas que compramos. Según Diego Arguedas Ortiz, de la BBC (2018), podemos, por ejemplo, usar marcas que usan menos combustibles fósiles y no polucionan el aire, y hacer un boicot a las marcas que contribuyen al cambio climático.

Además, podemos actuar como individuos y cambiar nuestros hábitos. Los expertos nos aconsejan que manejemos y volemos menos para restringir el uso de combustibles fósiles que crean emisiones de anhídrido carbónico (Union of Concerned Scientists n.d.). También podemos comer menos carne y participar en proyectos para ayudar al medio ambiente (Arguedas Ortiz 2018).

Cuando vivía en Florida, experimenté muchos huracanes, no solamente Michael. Cuando era niña, no sabía lo malo que eran los huracanes. A veces eran irritantes. No podía ir afuera ni jugar, y los truenos no me dejaban dormir. Pero casi siempre creía que significaban cosas buenas, como no asistir a la escuela e ir a Disney World. No me daba cuenta de su peligro.

Tengo una memoria vívida y nostálgica de un huracán. Estaba con mi madre en la casa de mis abuelos. Tenía 8 o 9 años. El huracán no era fuerte, quizás categoría 1 o 2; lo sé porque los adultos no estaban preocupados. Pasamos un día normal y a la noche, decidí que quería dormir en el porche; era uno cubierto donde podía oír la lluvia y el viento. Así que mi mamá y yo dormimos ahí. La noche pasó normal y dormí bien. Pensé "¿cómo pueden ser malos los huracanes?". Obviamente, ahora sé de la gravedad de los huracanes y que no son divertidos, sino que causan mucha destrucción. Pero los niños no saben esto y, además, muchos adultos no se dan cuenta de su severidad.

Recientemente hubo otras tormentas tropicales en el Golfo de México que iban en dirección a Panama City. Eran solamente tormentas, no huracanes, porque no eran tan poderosas. Sin embargo, causaron daño, especialmente porque la ciudad no se ha recuperado después de Michael. Es claro que los huracanes van a continuar formándose y dañando el mundo en altos niveles si no detenemos el cambio climático. Hay cosas que podemos hacer justo ahora para cambiar nuestra situación global. Pero debemos empezar ya, mientras hay tiempo para salvar el mundo y nuestras vidas.

Bibliografía

Allen, Greg. 2019. "Recovery Is Slow in the Florida Panhandle a Year after Hurricane Michael." "All Things Considered," *NPR*, October 10. https:// www.npr.org/2019/10/10/768722573 /recovery-is-slow-in-the-florida-panhandle-a-year-after -hurricane-michael.

Arguedas Ortiz, Diego. 2018. "Ten Simple Ways to Act on Climate Change." *BBC*, November 4. https:// www.bbc.com/future /article/20181102-what-can-i-do-about-climate-change.

Masters, Jeff. 2018. "Hurricane Michael Makes Landfall in Florida Panhandle." *Weather Underground*, The Weather Channel, October 10. https:// www.wunderground.com/cat6 /Potentially-Catastrophic-Hurricane-Michael-Nearing -Landfall-Florida-Panhandle.

McFall-Johnsen, Morgan. 2019. "Hurricane Dorian Brought a 23-Foot-High Wall of Water to Parts of the Bahamas. Here's What a Storm Surge Is and Why It's so Dangerous." *Insider*, September 2. https://www.insider.com/hurricane-dorian -what-is-storm-surge-why-is-it-dangerous-2019-9.

Union of Concerned Scientists. 2019. "Hurricanes and Climate Change." Updated June 25. https://www.ucsusa.org/resources /hurricanes-and-climate-change.

Union of Concerned Scientists. N.d. "Climate Solutions: We Need to Act Now." https://www.ucsusa.org/climate/solutions.

El aire que respiramos

Respirar

Lissette Caballero

Cuando yo era pequeña, entraba y salía constantemente de la sala de emergencia del hospital debido a mis ataques de asma. Aunque tenía seguro médico, las facturas médicas afectaron enormemente las finanzas de mi madre. Los ataques de asma son más comunes en los niños que en los adultos. Pese a que hoy en día todavía tengo asma, no es tan grave como cuando era una niña. Han pasado años desde que tuve el episodio más severo.

CORRO HACIA EL PORTERO y mi compañero de secundaria me pasa la pelota; estoy tan cerca de marcar un gol que ya me veo celebrando. Me siento muy feliz. Pero abro los ojos y entro a la realidad, me doy cuenta de que solo estaba soñando, en vez de sentirme fuerte como en el sueño, me siento débil, como me he sentido desde que tenía 3 años. Ahora tengo 11. Solo quiero cerrar los ojos otra vez. Quiero poder sentir el oxígeno en mis pulmones y la sensación de correr y no cansarme. Lentamente, abro mis ojos y me doy cuenta de lo que ha ocurrido y dónde estoy. No puedo distinguir a la gente a mi alrededor hasta que escucho la voz de mi tío Mario: "No te esfuerces mucho, Lissette, aquí estamos yo y tu tía. Vamos a ir por el doctor".

Con esas palabras, inmediatamente sé que mi mamá está trabajando y yo he sufrido un ataque de asma. Reconozco el olor del limpiador de ventanas que usan en el hospital al que siempre voy. Huele a limones con cloro; he llegado a odiarlo. Me da náusea. Puedo sentir los fríos rieles de la cama de metal a ambos lados y escucho la tele en la esquina. Quiero que alguien la apague. Desde que abrí los ojos, he sentido frío en todo mi cuerpo.

Siempre hace frío en el hospital, aunque tenga muchas cobijas. Saber que mi mamá no está conmigo ahorita me pone triste, pero sé que, si ella pudiera estar a mi lado, estaría. Cuando mi visión se aclara, veo mis brazos y piernas perforados con agujas; nunca antes me habían dado este tratamiento y me espanto. También me doy cuenta de todas las máquinas a las que estoy conectada. La única que reconozco es la máscara de oxígeno; las otras me parecen extrañas.

Empiezo a recordar los eventos que ocurrieron la noche anterior. Yo estaba dormida en el cuarto de mi mamá cuando empecé a sentir el aire salir de mi cuerpo. Este no era un sentimiento nuevo para mí, pero esta vez sentí que el aire se iba más rápido y sabía que era el monstruo más feo que había enfrentado. Traté de esforzarme para respirar, para sentir mis pulmones llenarse de aire, pero no tenía fuerzas. Lo último que recuerdo es la cara asustada de mi mamá encima mío. Luego todo se volvió oscuro.

El doctor regresa con mi tío y me dice que han pasado dieciocho horas desde el momento en que me dio el ataque. Me quedo en *shock*. Dice que en esas dieciocho horas he estado entrando y saliendo de la consciencia, y que me tuvieron que conectar a unas máquinas. Me explica sus usos, pero es muy difícil para mí, una niña de 11 años, comprender los términos médicos que está usando. Cuando se va el doctor, la enfermera me lo explica en términos más simples. Me dice que la máquina nebulizadora me está ayudando a respirar y a abrir mis vías respiratorias. También me explica por qué tengo tantas agujas en mis brazos y piernas. "Las agujas son para que el oxígeno pueda fluir más fácil y rápidamente por todo tu cuerpo", me explica. Mi cuerpo entró a un estado que se llama hipoxia, y perdí tanto oxígeno que ellos tuvieron que usar este tratamiento. Mis vías respiratorias se estrecharon mucho, haciendo la entrada de aire a mis pulmones muy difícil. Antes de que se vaya, le pregunto:

—¿Mis labios cambiaron de color esta vez también?

—Sí —me contesta.

Esto se llama cianosis y ocurre cuando el contorno de los labios desarrolla una coloración azulada, y significa que tienes menos y menos oxígeno en la sangre. Este fue mi último ataque de asma, pero el más grave.

Por fin llega mi mamá y puedo ver la preocupación en sus ojos. Me da un beso en la frente y empieza a correr sus manos por mi cabello. "¿Cómo estás, *mija?*, ¿te han dado de comer?", me pregunta. Yo trato de contestar, pero estoy tan cansada que solo puedo sonreír. Solo quiero cerrar mis ojos, pero tengo miedo de no volverlos a abrir. Estoy muy contenta de que ya mi mamá esté conmigo en el hospital. "Voy a hablar con tus tíos y darles las gracias porque se quedaron contigo", me dice. Tomo agua cuando entra una enfermera. Con esfuerzo le pregunto qué día y qué hora es. "Hoy es viernes y son las 4 de la tarde", me responde. Mi mamá trabaja todas las noches como mesera y sé que está faltando para estar conmigo ahorita. Me preocupo porque, por mucho que mi madre diga que está bien, yo sé que no puede faltar al trabajo por muchos días sin que eso afecte nuestras finanzas. A mi mamá no le gusta preocuparme con las facturas médicas, pero sé que para ella es difícil pagarlas.

A la edad de 4 años me diagnosticaron asma persistente moderado. No recuerdo los exámenes que me hicieron entonces, pero recuerdo los que vinieron después de los 7 años. Todas mis visitas al doctor comenzaban con un estudio físico. Primero examinaban mi garganta, nariz, ojos y vías respiratorias superiores. Luego usaban un estetoscopio para escuchar mi respiración. Me hacían varias preguntas sobre los síntomas que sentía en mi vida diaria y, especialmente, en las noches. Al final me realizaban una prueba de función pulmonar llamada espirometría, que es una forma de comprobar qué tan bien están funcionando mis pulmones. Tenía estos chequeos médicos al menos cada seis meses, a veces más seguido, dependiendo de la gravedad de mis síntomas y la frecuencia de mis ataques. Mi mamá calificaba para el seguro Medicaid para mí, pero cada visita al doctor costaba de 300 a 350 dólares que mamá tenía que pagar de su bolsillo.

Medicaid es un seguro estatal y federal que brinda cobertura médica a personas necesitadas. Su propósito es mejorar la salud de las personas que podrían quedarse sin atención médica para ellos y sus hijos. Para calificar al seguro médico Medicaid, teníamos que cumplir estos requisitos: ser residente del estado de Texas; ser ciudadana estadounidense; residente permanente o extranjera documentada; necesitar asistencia médica o de seguro; y tener una situación financiera de bajos o muy bajos ingresos. También para ser elegible debes tener un ingreso familiar anual —antes de pagar impuestos— que esté por debajo de una cierta cantidad, dependiendo del tamaño de tu familia. Para mi mamá y para mí la cantidad era 34 492 dólares.

Más de 25 millones de estadounidenses tienen asma, una de las enfermedades crónicas más comunes que le cuesta a nuestra sociedad 82 mil millones de dólares al año. El costo médico incremental por persona con asma fue de 3 266 dólares en el año 2015. En promedio, cada viaje a la sala de emergencia del hospital por mis ataques de asma costaba 1 502 dólares. El seguro médico para el que yo era elegible cubría el 25 %. Durante mis peores años de asma hacía dos o tres viajes a la sala de emergencia.

Tenía que reemplazar mi inhalador cada treintaiún o treinta y cinco días, más a menudo en la primavera y el verano. El costo de un inhalador era de un promedio de 300 a 400 dólares. Hay tres tipos de inhaladores: inhaladores de dosis medidas (MDI), nebulizadores e inhaladores de polvo seco (DPI). Yo tenía dos: un MDI y un nebulizador. Usaba el nebulizador en las noches cuando estaba en casa, desde los 4 a los 8 años. Usaba el MDI cuando no estaba en casa y cuando crecí un poco más, cuando tenía más de 9 años. También tomaba medicamentos recetados.

Aquella vez pasé cuatro noches en el hospital, pero se me hizo una eternidad. Todos los doctores tenían miedo de que sufriera otro ataque. Mi mamá solo pudo estar conmigo dos de esas noches, pero cuando no estaba ella, estaban mis tíos que son como segundos papás para mí. Traían a mis primos para entretenerme. Perdí cuatro días de escuela y eso me estresó mucho, porque odiaba faltar a la escuela. Aprender para mí era lo más divertido y extrañaba mucho a mi maestra y a mis amigos. Tomó un poco de tiempo para que mi mamá pudiera cubrir los préstamos que tuvo que sacar y pagar mis facturas médicas. Pero al fin salió libre de deudas. No he tenido que quedarme en un hospital durante la noche desde ese horrible ataque. Siempre tengo un inhalador en caso de que lo necesite, pero es muy raro que lo use ahora. Intento ser más activa físicamente, ya que fue muy difícil para mí experimentar eso cuando era una niña.

La caja

Gabriela García

*Era una semana fría en medio de la pandemia. Los núme-
ros decían que era muy probable que yo fuera una de las
enfermas, pero yo sabía que sobreviviría sin contraer el
virus. Estaba segura de eso, hasta que un día recibí una
prueba de Covid positiva, y los diez días que siguieron
fueron memorables.*

ELLA ENTRÓ A LA sala con las manos juntas y una mirada
que decía que algo estaba mal. Cuando la enfermera abrió su
boca, oí las palabras "Your result is positive", y no pude escuchar
nada más. Recuerdo mirar su cara cuando hablaba, pero no
recuerdo escuchar las instrucciones de lo que debía hacer los
siguientes días. Sentí la sangre drenar de mi cara, el pulso en
mis mejillas, la humedad en mis manos; la visión del mundo
alrededor era difusa.

Era un miércoles ordinario durante la pandemia. Fui con mis
compañeras de piso a hacerme un examen comunitario proac-
tivo en el centro de atención urgente. Mi *burbuja de Covid* era
muy sensata y respetuosa de la situación que atravesábamos.
Pero yo no estaba preparada para recibir esta información.

Regresé en carro con dos mascarillas puestas para no conta-
giar a mi amigo Ryan, quien dio negativo y estaba sentado en
el asiento de atrás en el taxi. Qué coincidencia. Yo había dicho
a mis compañeras de piso que salieran, para no cruzarnos. Llegué a la entrada de mi cuarto con la sensación de tener una
nube pesada sobre mi cabeza. Recuerdo pensar que mi cuarto

nunca se había visto tan pequeño, un cuadrado muy estrecho con un aura solitaria. Esto me dio mucha tristeza. Mi cuarto es un espacio sagrado, con una energía especial que cada día me recarga. Estuve de acuerdo con mis amigas que trataría de evitar abrir la puerta de mi habitación para minimizar el flujo de aire en el apartamento. Pensándolo bien, nosotras parecíamos estar completamente locas, pero habíamos hecho esto el semestre anterior, cuando mi otra compañera de piso tuvo COVID-19, y funcionó. Cuando cerré la puerta, empezó el aislamiento.

Durante los días que siguieron pasé mucho tiempo pensando. Pensé en mi vida y en la vida de la gente alrededor del mundo. Pensé en la condición humana y reflexioné acerca de cosas sobre mí en las que yo no había tenido tiempo de pensar en *la vida normal* afuera. Fueron los objetos en mi espacio pequeño que desencadenaron pensamientos y reflexiones que ocuparon mi mente en mis días de confinamiento. A veces la claustrofobia era inaguantable. Yo me enfocaba en las dimensiones del pequeño cuarto: una caja de 12 x 12 pies, con dos camas dobles y un armario corredizo. Me enfocaba en la altura del techo y las grietas de cada una de las esquinas de las paredes. Pasé mucho tiempo mirando por mi ventana, una ventana romántica con rejas decorativas de metal, que a veces también me hacían sentir que estaba en una prisión —dependiendo del momento y de mi estado de ánimo—. Esos eran días de mal clima y llovía mucho. Yo miraba a través de las ventanas de mi prisión cómo cada gota de lluvia competía por llegar al fondo. Recuerdo observar la puerta de mi cuarto y pensar que cada día era más largo que el anterior. El tiempo se hacía más y más largo. Muchas veces sentí que me estaba volviendo loca en solitario, sola con mis pensamientos. A pesar de que fue un tiempo difícil, ahora pienso que tuve la oportunidad de enfocarme en las cosas bonitas de la vida. Vi el sol cuando se elevaba cada mañana y cuando se ocultaba cada tarde. Aprendí a calmarme y a enfocarme en los objetos a mi alrededor para distraerme.

—

Observé las cosas en mi cuarto. Todos los productos que tengo en mi baño: el jabón de cara y un suero de retinol para la noche antes de ir a dormir. Para la mañana, tengo otro jabón de cara, un toner y dos cremas de cara diferentes. Oh, y no puedo olvidar mi squalane y niacinamide, la crema de los ojos y la crema para las espinillas. ¿Por qué necesito todos estos sueros, cremas y cosas? No es necesario, pero vivimos en un mundo que perpetúa la idea de que ser bonita es tener cosas. También, la de que ser bonita es tener perfecto cuidado de tu cara y tu cuerpo porque Dios no quiere que tengas imperfecciones. Necesitamos ser perfectas. Después miré mi armario lleno de vestidos, blusas y zapatos de todos los tipos. Hay casi quince pares de pantalones. ¿Por qué no necesito solo un par de *jeans*? ¡Es loco! Tengo vestidos de muchos estilos, zapatos para caminar, correr y para ir a las fiestas. No hay solamente un par de zapatos para cada evento, sino dos o tres para cada ocasión. ¡Qué feo! Pensé sobre el materialismo y su prevalencia en nuestro mundo.

Vivimos en un mundo materialista con tecnología avanzada, diferentes medios de transporte, *moda rápida* traída de otros países, con multimillonarios que poseen empresas enormes que nos dan servicios cada día para obtener más y más cosas que no necesitamos. Me di cuenta de que, como sociedad, pensamos que necesitamos muchas cosas que, en realidad, no necesitamos. Obviamente requerimos comida y agua. Yo estaba comiendo comida enlatada y recuerdo pensar: "¡Qué suerte tengo de comer comida fresca todos los días!". Me preguntaba acerca de mi vida materialista: ¿La comida fresca es una vida materialista? ¿Dónde trazamos la línea entre la indulgencia y la vida humilde? Yo pensé en las cosas que necesito, mi diario, el tapete de yoga, la comida y el agua; pero después pensé en las cosas que son muy importantes y que no son simples. La música es algo fundamental para mi cordura, también mi conexión con mi familia, mis amigos y el conocimiento de las cosas que están ocurriendo alrededor del mundo. Esto me llevó a darme cuenta de la importancia profunda de las relaciones humanas.

Sin relaciones humanas, nos convertiríamos en locos porque hemos crecido dependiendo el uno del otro.

—

Cuando estaba en la caja, mis relaciones humanas fueron muy importantes, fueron unas de las pocas cosas que me mantuvieron cuerda. Cada viernes mis amigos y yo nos reunimos para una comida de *shabat*. Esa semana fue muy rara porque no nos pudimos sentar juntos en un cuarto con la comida entre nosotros. No pudimos mirarnos a la cara y reír y tener conversaciones acerca de la semana y el drama que ocurrió en las clases de Zoom. En cambio, nos sentamos frente a una pantalla tratando de averiguar cómo podíamos ver la misma película, porque Zoom no permite la opción *share screen* para películas. ¡Qué inconveniencia! Era muy raro que estuviéramos sentados muy cerca, pero las puertas que nos separaban nos hacían sentir que estábamos en casas diferentes, en estados diferentes. En ese momento, me di cuenta de lo especial que es tener comida hecha en casa con buenos amigos la noche del viernes.

Recuerdo abrir mi ventana y mirar la casa de al lado. La casa es un *frat house* y podemos, literalmente, extender un brazo y tocarla porque está muy cerca a la de nosotras. A los muchachos que viven en la casa los llamamos *our frat brothers*, pero no viene del amor y el aprecio, viene del lugar de la ira y el odio. Estos muchachos son los que nos mantienen despiertas cada noche de jueves, viernes y sábado, y también ocasionalmente el martes en la noche, con el ruido desagradable y las luces brillantes y coloridas. Yo estaría mintiendo si dijera que no quiero estar en sus fiestas bailando con una bebida en mi mano. La realidad es que este tiempo no es apropiado para estar en esas situaciones, con mucha gente sin mascarillas. Estamos en una pandemia. No es aceptable ser indiferente a la severidad de la situación. Algunas veces doy un paso atrás y veo la negatividad de mis pensamientos. Yo estaba en confinamiento y estaba enojada. Yo estaba llena de prejuicios, porque permanecía encerrada en mi cuarto cuando mucha gente estaba en las fiestas ignorando completamente el hecho de que podían pasar el virus a muchas más personas.

Aunque yo estaba juzgando a la gente ignorante —sobre la base de que muchas personas tienen familiares que están enfermos o, más triste aun, que han muerto por el virus—, me di cuenta de que este tiempo es muy difícil para la salud mental, y cada persona está haciendo el mejor esfuerzo por sobrevivir a su propia manera. Los números demuestran la severidad de la situación: los casos de depresión se han triplicado en el curso de la pandemia. En última instancia, estamos juntos en esta etapa difícil, tratando de hacer lo mejor que podemos, y estamos cerca del fin: quedan unos meses hasta que llegue la luz al final del túnel.

—

Cada mañana me despertaba y hacía yoga y meditación, algo que simplemente no tengo tiempo de hacer durante la vida regular. Cuando yo estaba atrapada en ese espacio pequeño, no tenía tiempo para hacer cosas regulares, luego me vi forzada a desacelerar. Aprendí la importancia de desacelerar el ritmo y tomarme el tiempo para hacer yoga y meditar. Me di cuenta de que la vida rápida que hemos normalizado es una enfermedad horrible. Como seres humanos —específicamente en el primer mundo, en un país capitalista— estamos obligados a ser inteligentes, tener notas altas, ser mejores en los deportes y en las artes. Necesitamos estar casados y tener hijos y tener ocupaciones impresionantes con salarios altos. Estas expectativas crean una malsana perspectiva de la vida por el deseo del éxito. ¡Absolutamente, necesitamos desacelerar!

—

Lo que necesitamos priorizar en la vida son las cosas pequeñas y los momentos invaluables. Debemos apreciar lo que tenemos en este momento porque la vida es fugaz. Al hacer esto, podemos dar un paseo afuera para ver el cielo, las nubes, las puestas del sol que llevan calidez al alma. Creo que la pandemia nos ha llevado a nuestras raíces humanas. Nos hemos convertido en seres más humanos, aceptamos más, con más comprensión e indulgencia. Pero también la pandemia ha echado luz sobre un lado menos romántico de la humanidad: los sentimientos de culpa, la violencia, la protesta y el disgusto con la administración y el gobierno. Hemos olvidado la importancia y la necesidad de desacelerar y vivir en el presente. Al hacer esto, podríamos estar en paz con nuestros cuerpos y almas; podríamos escuchar nuestros pensamientos profundos; dar tiempo y energía para comprender nuestras emociones y sentimientos. Al hacer esto, podríamos tomar conciencia de nuestra existencia en la vida y abarcar cada momento, porque la vida es fugaz.

—

Una de las cosas más importantes que tuve la oportunidad de hacer fue llamar a mi familia y amigos en mi ciudad natal, Albuquerque, Nuevo México. Cada día llamaba a muchos miembros de mi familia y hablaba por horas, porque no tenía nada más que hacer con mi tiempo. Todas mis conversaciones fueron muy satisfactorias y me trajeron alegría. Yo era capaz de oír nuevas historias de mi abuela o de mi tía, a quien no llamaba mucho antes de la cuarentena. En este tiempo aprendí que, porque la vida se ve nublada, a menudo perdemos de vista la bondad que tenemos. Somos amados y valorados por muchas personas, y olvidamos esto porque nos vemos atrapados en el trabajo, la escuela, la vida social, la salud, en mantener la aptitud física, las expectativas de las redes sociales. La vida es buena, y gracias a mi tiempo en cuarentena, tuve otra oportunidad para comprender esto a un nivel más profundo.

—

Pasé mis diez días emocional y mentalmente agotada. Ningún día tuve un síntoma. Ninguna de mis compañeras de piso se contagió con el virus. Mi amigo Ryan tampoco se enfermó; es el amigo que compartió un tenedor conmigo durante el almuerzo el día que recibí mi resultado positivo. Había oído que los exámenes seguían siendo positivos por semanas después de contraer el virus —aunque una no fuera contagiosa—, y yo tenía curiosidad de ver si mi examen era falso. Me hice otra prueba.

Cuando mi resultado volvió, la única cosa que podía hacer era reír. Mi resultado positivo de dos semanas atrás había sido incorrecto: nunca tuve Covid-19.

Odiseas y fantasías del retorno

Oraciones y tortugas

Anna Land

Ésta es la historia de cómo un padre y una hija sanaron surfeando las aguas de Oaxaca un verano mágico.

LA PRIMERA VEZ que mi padre me salvó la vida fue en México. Hasta que me rescató del fondo del océano, cuando flotamos en la superficie y me abrazó con ferocidad, entendí la profundidad de su amor. Nuestra relación cambió desde ese día. Fue como si lo mirara a través de nuevos ojos. Pude ver todas las formas tímidas y tranquilas con las que expresaba su amor por mí.

Ésta es una historia de un antes y un después. Pero es también la historia de la comunidad que construimos ese verano en México. Debido al dolor y a la confusión que nos causó el hecho de que mi madre nos abandonó, mi padre y yo construimos una familia hecha de retazos, con los otros ocupantes de nuestra pensión: la dueña con su expresión severa, los surfistas nómadas como mi padre, la amable viuda con su generosidad y su melancolía, y el ángel al otro lado del pasillo. Todos ellos jugaron un papel importante ese verano, no solo para salvarme la vida ese día, sino para ayudarnos a sanar.

—

La familia de mi padre convierte cualquier ocasión en una razón para comer y beber. Más de cuarenta familiares vienen a vernos a mi padre y a mí salir de la estación de tren para empezar el primer tramo de nuestro viaje; tomaríamos un tren que nos llevaría desde San Antonio a la Ciudad de México. Un buffet que compite con cualquier comida de la iglesia metodista se extiende sobre varias mesas en el salón de la estación. Mis tíos beben de botellas escondidas, mientras mi abuela y mis tías gritan, se quejan y se abrazan. Ningún adulto menciona a mi madre, pero mis primos hacen preguntas directas y a mí me alivia hablar de ella. Estoy agradecida por la distracción de mi ruidosa familia, pero mi padre está triste y callado. Él hubiese preferido escabullirse en la ciudad.

Hay un alboroto al momento de decir adiós, cuando anuncian por el altavoz la salida de nuestro tren. Mi familia se aglomera frente al tren, mi padre y yo recibimos consejos de última hora, sobras de comida, besos pegajosos y, de mi prima favorita, una gran cantidad de revistas *Teen Beat*.

No había forma de que no viajáramos en tren. Volar, conducir o tomar el autobús hubiese sido una afrenta a mi familia ferrocarrilera.

—

Vengo de una familia de *travelers*. La familia de mi padre era de Wends, gitanos que llegaron a Texas desde Alemania en 1860. Los Wends eran *personae non gratae* en Alemania, probablemente porque no se les consideraba buenos ciudadanos. Eran nómadas, trabajaban en circos y festivales, siempre con dedos ligeros y costumbres extrañas. Cuando Alemania comenzó a nacionalizarse, los que se negaron a asimilarse fueron perseguidos. Fue entonces cuando mi familia, junto con otras 163 personas, abordó un barco para Galveston. Mi tatarabuelo tenía 16 años cuando llegó a Texas con sus hermanos mayores, e inmediatamente encontraron trabajo en los campos de algodón.

La primavera siguiente, cuando estalló la Guerra Civil en el año 1861, los hermanos enfrentaron una difícil decisión: unirse al ejército confederado o ser ejecutados. Durante tres años, usaron vestidos negros para pasar por mujeres mientras trabajaban en los campos de algodón y así evitar ser reclutados. Ésa no era su guerra.

Después de ese periodo, el sistema ferroviario se expandió rápidamente y mi familia descubrió una nueva forma de ser *travelers*: se convirtió en una familia ferroviaria.

—

Mi padre y yo somos los primeros y, pronto nos damos cuenta, los únicos pasajeros en el lujoso autobús de primera clase que viaja desde la Ciudad de México a Oaxaca. Nos maravillamos de los asientos reclinables y de las rejillas de ventilación personal. Mi padre se retira a su novela y yo a mis revistas. El conductor del autobús nos mira por el espejo retrovisor cuando cree que no lo estamos mirando. El zumbido del autobús nos adormece.

Es de noche cuando mi padre me sacude. "Cariño, tenemos que bajarnos". Fuera del autobús, el conductor nos entrega nuestras maletas y tablas de surf, y veo que hay un autobús más viejo estacionado detrás, con un ruidoso motor a *diesel* refunfuñando. Los dos conductores se dan palmadas en la espalda y atan nuestras pertenencias con una cuerda a la parte superior del viejo autobús. Subo detrás de mi padre y nos dirigimos hacia la parte trasera. Todos los asientos están llenos de pasajeros dormidos y los estantes encima de los asientos están repletos de maletas, mochilas, cajas de lechuga y tomates, piezas de maquinaria y jaulas con conejos y gallinas. Encontramos uno vacío y mi padre me sienta en sus piernas.

—¿Por qué cambiamos de autobús? —le pregunto a mi padre.

—El conductor dijo que nuestro autobús tenía problemas mecánicos —responde, pero algo en la forma en que lo dice me hace pensar que no le cree.

Nuestro nuevo conductor termina su cigarrillo y se sube. Pasados al otro autobús, comenzamos a rebotar por la carretera; los pollos cacarean alarmados. Pronto, el humo del tubo de escape comienza a entrar por un agujero en el piso, los pasajeros llevan medias cáscaras de naranja a su boca y nariz; parecen pasajeros respirando tranquilamente a través de máscaras de oxígeno en el video de seguridad de una aerolínea. No nos toma mucho tiempo entender lo que está pasando, ya que comenzamos a sentir náusea por el humo. Una señora muy amable, sentada detrás de nosotros, nos da una cáscara de naranja que compartimos. Mi padre me pone la cáscara en la cara y me acurruco para dormir en su regazo.

Me despierto con el sonido de un bebé llorando. Es de día y mi padre está cantando suavemente "You Are the Sunshine of My Life", de Stevie Wonder, en mi oído.

Estamos en una carretera de dos carriles en una larga procesión de automóviles, camiones y otros autobuses. Afuera, los acantilados blancos y lisos se abren paso a través de los brillantes árboles verdes de la selva, tan altos que atraviesan las nubes. "Hoy verás el océano, hija", dice mi padre. Su cara está verde por la náusea, pero sus ojos están arrugados en los bordes con una sonrisa que no he visto en varios meses.

—

Los amigos surfistas de mi padre se encuentran con nosotros en la estación de autobuses. Una y otra vez he escuchado de sus varias aventuras. Mi padre es un narrador consumado y me alegra escuchar las historias que se vuelven más sofisticadas y divertidas en cada nueva versión. Fue fácil identificar a Big John, por su altura sobresale entre sus compañeros, y supongo —ciertamente— que el hombre delgado y de pelo grueso y gafas, es Phil.

Nuestro medio de transporte es un camión Ford oxidado del 68. Phil viaja plácidamente en la parte de atrás con nuestras maletas y tablas; yo me siento entre mi padre y Big John en el asiento delantero. Nuestra ruta nos lleva a través del pequeño centro de la ciudad y pasamos un grupo de casas antes de girar hacia Puerto Escondido. El camino pavimentado se convierte en tierra cuando llegamos a un pequeño pueblo. Big John detiene la camioneta frente a un gran edificio blanco. "¡Casa!", dice él, deteniendo el camión en el estacionamiento.

Dos mujeres nos saludan en el vestíbulo. La más alta es la dueña del edificio. Nos mira desde sus gruesos anteojos mientras dice las muchas reglas de su casa, pero su hermana, vestida de negro como una viuda, me sonríe con ojos amables. Big John y Phil se dejan caer en las sillas del recibidor, lo que hace que la dueña frunza los labios con desaprobación: "El alquiler se paga todos los domingos. No animales. No música a todo volumen. No huéspedes. Absolutamente prohibido correr en mis pasillos", esto va dirigido a mí y lo dice con las cejas arqueadas.

La dueña le entrega las llaves del apartamento a mi padre y le ordena a su hermana que vaya con ella. "Bienvenidos a nuestra pequeña comunidad —nos dice la viuda con timidez al pasar—; ven a visitarme en cualquier momento".

Sigo a mi padre por un tramo de las escaleras hasta nuestro apartamento. Me dieron la única habitación y desempaco mi pequeña maleta roja. La ventana da al océano. Hoy el océano parece un cristal y hay una línea suave donde el azul del cielo se encuentra con el azul del agua. Mi padre se duerme en el sofá, que será su cama durante las próximas ocho semanas.

—

Mi padre habla suavemente por teléfono en el vestíbulo. Me entretengo poniéndome de pie y calculando durante segundos cuánto tiempo puedo mantener el equilibrio: *one hippopotamus, two hippopotamus.*

—Saluda a tu madre —dice acercándome el teléfono.

—¡Hola, mamá! —grito sin coger el teléfono, me quito los calcetines y camino por el corredor de piso pulido de los apartamentos del primer nivel.

—Dale algo de tiempo, Barbara —le oigo decir.

Al final del pasillo hay una puerta abierta y puedo escuchar la voz de una mujer cantando. Avanzo silenciosamente hacia el marco de la puerta y miro adentro. Sentada en una mesa de tocador, maquillándose, está la mujer más glamorosa que he visto en mi vida. Se cubre las cejas pobladas con lo que parece ser una masa de panqueques, y luego dibuja nuevas cejas más delgadas en la frente. "Puedes entrar, pequeña chivata —me dice sin darse la vuelta. Entro con timidez—. ¡Siéntate! — ordena señalando una silla a su lado— y dime, ¿qué estás haciendo husmeando por mi puerta? ¿No sabes que es descortés espiar a una mujer?". Ella no espera una respuesta y en su lugar me pide que le pase la chaqueta con lentejuelas negras que está en su armario. Exploro con reverencia cada prenda de vestir: vestidos de brillos, bufandas coloridas, blusas bordadas, hasta que encuentro un triste gabán y una corbata marrón.

—¿Para qué es esto? —le pregunto.
—Para cuando visito a mi madre —responde.

Ella chasquea los dedos con impaciencia: "Chaqueta, por favor". Se la entrego y se desliza dentro. Se quita el turbante de la cabeza y lo reemplaza con una voluminosa peluca rubia. Me atrae hacia la imagen del espejo junto a ella. "Parecemos madre e hija —dice refiriéndose a mis rizos rubios—. Bueno... hermanas". Mi padre llama a la puerta: "¿Hola? ¿Anna?". "Aquí, papi", le respondo.

El ángel se levanta y camina hacia mi padre. Solo ahora veo cuán alta es. Mi padre la mira, parpadeando, mientras ella le tiende la mano de tal manera que no está seguro de si dársela o besarla.

—Me llamo Paola —dice.
—Encantado —responde mi padre, y elige la segunda opción, besando el aire sobre su mano. Miro sus rostros sonrojados y escucho risas nerviosas.
Tengo una idea.

⁓

Mi padre y yo estamos aquí para surfear. Esta es la razón de nuestro viaje, y pronto me doy cuenta de que se trata de un compromiso. Dos veces al día, nosotros y los compañeros surfistas de la casa de huéspedes, caminamos con nuestras tablas a través del camino de tierra, cruzamos por la hierba arbolada y la arena y esperamos la marea media. En las primeras horas de la mañana, Big John enciende un fuego y comemos frijoles, tortillas y Ding-Dongs para el desayuno. Phil observa el horizonte y calcula la amplitud de las olas. Grandes tortugas con sus conchas en forma de corazón nadan en las aguas poco profundas. Una por una, sus cabezas emergen a la superficie y contemplan el amanecer antes de sumergirse nuevamente en el tranquilo olvido del océano.

Elegimos surfear más que cualquier otra actividad. Comemos, dormimos y soñamos despiertos en el océano hasta que se abre nuevamente una oportunidad. Cada día nos encontramos con un mar diferente y una serie de desafíos distintos. No se habla, no hay monólogos de surfistas ni diálogos filosóficos. Sigo el ritmo y las acciones de quienes me rodean. Los días se derriten en un ciclo sin fin.

Mi padre y yo remamos juntos y miramos por encima de nuestros hombros. El agua fría del Pacífico me hace sentir intensamente viva. "Ésta es tuya, Anna", mi padre señala la ola y yo la atrapo, pero es desigual y me rebota. Giro y veo a mi padre deslizarse junto a mí sobre su ola. "¿Otra vez?", me pregunta, y yo asiento, sonriendo.

Horas después estamos sentados con los otros surfistas en la playa mientras la marea retrocede. "El surf te enseña todo lo que necesitas saber para andar tu camino, manzanita —dice mi padre entregándome una Coke—. Toda la vida es como leer las olas. Te encuentras con la ola tal como está... cambia... y te adaptas. No puedes imponer tu voluntad en la ola. Solo puedes responder a su poder con tu voluntad".

—

Esta noche hay una reunión de los huéspedes de la pensión en el patio de nuestro edificio. Es una fiesta con tacos, cervezas y refrescos, y música que sale de un tocadiscos. En este momento estamos escuchando el álbum *Sticky Fingers* de los Rolling Stones, y estoy jugando con la cremallera real en la fotografía de los *jeans* de la portada del álbum. La viuda y la dueña hablan con Paola, quien se ve diferente esta noche, más suave de alguna manera, envuelta en un largo chal y una flor detrás de la oreja izquierda. Suena la canción "Wild Horses", y le doy un codazo a mi padre. "Pídele que baile", le digo señalando con la cabeza en dirección a Paola.

Él duda en ese momento, esperaba persuadirlo, pero antes de que pudiera hacerlo, un hombre con una nariz roja y florida le pidió que bailara, y ambos los observamos por un momento. Mi padre se volvió hacia mí y acercó su frente a la mía. "Todavía estoy sosteniendo una vela por tu madre, niña —dijo—. Ella es la única para mí". "Ok, ok, okay", me dije a mí misma. Entonces eso lo resolvió. Tendría que traer de vuelta a mi madre con él.

⁓

El día después de la fiesta, la casa de huéspedes está en silencio, yo juego al gato en el vestíbulo hasta que la dueña llega con su balde y un trapeador para fregar los pisos de parqué. "Necesitas una madre", me dice examinándome con mi traje de baño y mis zapatillas de tenis, con el pelo revuelto. "¡Marta!", su hermana la reta en voz baja y me recoge del suelo. "Ven a mi apartamento. ¿Quieres unas galletas?".

El apartamento de la viuda está abarrotado, desde el piso hasta el techo, de muebles, alfombras y jarrones bellamente tallados, artefactos de su vida con su esposo, sus hijos y nietos. Fotos y pinturas en elaborados marcos cubren cada centímetro de las paredes.

—¿Dónde están sus hijos y nietos? —le pregunto haciendo referencia a las fotos.

—Algunos están en la Ciudad de México y otros en Alemania, de donde somos mi hermana y yo —dice mientras pone la aguja en un disco.

Reconozco la música clásica de casa: el año anterior nuestra maestra de primer grado nos enseñó a tocar el coro en nuestros chiflatos. Una ola de nostalgia me inunda.

—¿Los extrañas?

—Los extraño terriblemente, pero tienen sus propias vidas —dice y me entrega un plato de galletas—. Ahora entiendo que eres una surfista. Cuéntame sobre eso.

Me doy cuenta de lo poco que he hablado desde que llegamos. Entre bocados descargo todo: hablo sobre nuestro viaje allí, sobre conocer a la mujer en el apartamento del primer piso. Acerca de cuánto extraño a mi madre y el deseo de poder hacerla regresar para que mi padre sonría nuevamente. Sobre el surf y las tortugas que saludan al sol todas las mañanas.

—Ah... las tortugas. Ya sabes, la leyenda dice que las tortugas son nuestros antepasados que han regresado para vigilarnos e interceder en nuestro nombre.

—¿Interceder? ¿Cómo... conceder deseos?

—Oh sí. Al amanecer, como recuerdo... —Quién sabe lo que dijo después de eso. Había cambiado de tema y su voz se fundió con la música de fondo. Me había dado un pequeño hilo de esperanza con el que comencé a tejer un plan.

———

Para los surfistas, tradicionalmente hay una conexión entre las estrellas y el océano. La vida de un surfista está dictada por las mareas, y las mareas siguen los cielos. Mi padre me explica por qué la marea alta cambia todos los días y, por lo tanto, después de cinco días de surf, estamos emergiendo del agua mucho más tarde, justo cuando las estrellas comienzan a aparecer. Describe cómo las mareas son olas largas que se mueven a través de los océanos a causa de las fuerzas gravitacionales ejercidas por la luna en la tierra; la luna tarda más en viajar alrededor de la tierra que la tierra en hacer una rotación completa, cincuenta minutos más, para ser exacta. La marea alta cambia todos los días y, con ella, la rutina del surfista. Antes de las *apps* de surf, antes de las computadoras, antes de las tablas de mareas, los surfistas tenían que leer las estrellas para conocer las mareas.

"Pero, ¿cómo leían las estrellas?", le pregunto a mi padre, y él responde que aprendieron los patrones que formaron las constelaciones a lo largo de las estaciones y las historias de las constelaciones que hicieron más fácil memorizarlas. Nos tumbamos en la manta en la playa y miramos las estrellas. Sigo su dedo mientras me cuenta las historias detrás de cada constelación en el cielo de verano, historias llenas de amor no correspondido y finales trágicos. "¿Qué tenían los griegos contra el amor?", le pregunto, y él se queda callado. "Quizás las historias son trágicas de modo que el amor que tenemos aquí en la tierra nos parece más precioso. Así parece que vale la pena luchar por eso".

—

Me despierto antes que mi padre, antes de que salga el sol. Con patas de gato, salgo de nuestro apartamento mientras mi padre sueña. Una vez en el vestíbulo, corro con la tabla de surf en mis brazos, desesperada por ser la primera en encontrarme con las tortugas en el agua. Les pediré que le devuelvan mi madre a mi padre.

Mi tabla golpea los pasamanos de hierro mientras corro por la escalera, saltando cada dos escalones. La dueña asoma la cabeza por la puerta y me grita. "¡Lo siento, lo siento, lo siento!", le digo por encima de mi hombro mientras abro la puerta y salgo a la mañana oscura.

Al doblar la esquina de la calle camino a la playa, me encuentro con Paola, que acaba de regresar de su noche de fiesta. "¡Cuidado, erizo! —me espeta—. ¿A dónde vas con tanta prisa?". Sin la luz de la luna ni la del sol, ni las luces brillantes de las calles de la ciudad, su chaqueta de cuentas ha perdido brillo. La dureza alrededor de sus ojos ha regresado.

"¡Tortugas!", le respondo alegremente y le hago una reverencia antes de comenzar a correr otra vez hacia el agua.

Hace frío. Me estremezco al atar mi tobillo a mi tabla y remar hacia las olas. Todavía no puedo ver tortugas, pero decido tener fe y esperarlas. Floto en mi tabla en la calma de la marea baja. El cielo se vuelve rosa y naranja con el sol naciente y todavía no aparecen las tortugas. Puedo ver a los surfistas que comienzan a llegar a la playa, así que decido ir más lejos, más lejos que nunca.

Una gran ola acumula impulso a medida que avanza hacia mí, y dirijo mi tabla en el descanso como lo he hecho tantas veces. Pero esta vez, en esta mañana, una fuerte resaca me agarra y me tira por debajo de la superficie. La siguiente ola me golpea contra los corales, y la correa de mi tobillo se enrolla alrededor de ellos. Trato de mantener la calma y quitarme el brazalete, pero la cuerda de la correa está enredada alrededor de la hebilla; mientras tanto la marea me golpea a mí y a mi tabla de surf atorada en las rocas y los corales que me rodean, girando y retorciendo la cuerda, haciéndola más apretada. Mis dedos no tienen tiempo suficiente para liberarme.

Puedo sentir que el pánico comienza a elevarse desde la boca de mi estómago, y ahí es cuando las tortugas vienen a mí. Dos tortugas gigantes me rodean lentamente con gracia. Me miran con sus grandes ojos sabios. El tiempo se detiene. El latido de mi corazón se ralentiza. Mi cabello baila y flota alrededor de mi cabeza. Siento una sensación de calma y un bienestar pacífico.

Mi padre aparece desde arriba; la luz del sol refractada forma un halo alrededor de su cabeza. Nuestros ojos se encontraron cuando él me liberó. ¿Cómo? No sé, dudo que tuviera un cuchillo. Probablemente solo sus expeditos dedos, sus manos experimentadas, su constancia al igual que la Estrella del Norte. Nos quedamos sin aliento al golpear la superficie, tomando grandes tragos de aire. Me abraza fuerte mientras flotamos en el agua. Normalmente, no era un hombre cariñoso ni efusivo. En ese momento, las lágrimas de alivio y los besos de mi padre me sorprenden y me emocionan. El océano nos sacude. "¿Qué estabas pensando, manzanita?".

Le cuento mi misión, cómo esperaba que las tortugas nos trajeran a mi madre. "Ella nunca volverá, Anna". Es la primera vez que lo dice en voz alta, y nos quedamos en silencio mientras el pensamiento flota en el aire a nuestro alrededor. "Y va a estar bien. Vamos a estar bien". Tomados de la mano, caminamos hacia la orilla donde están reunidos la dueña, la viuda, nuestros amigos surfistas y el ángel: nuestra improvisada familia mexicana.

—

Y todo resultó bien después de eso. Mi padre y yo volvimos a la misma rutina de antes. Nuestras heridas y contusiones se sanaron y nuestro cabello rubio se volvió blanco. Nuestra conexión fue fuerte, pero tranquila. Surfeamos uno al lado del otro y nos encontramos con las olas cuando se nos acercaron.

El olor del dinero

Drew Colcher

Ésta es la historia de un niño blanco de Wichita que se muda a un pueblito en el oeste de Kansas a los 9 años. Allí se encuentra por primera vez con la cultura mexicana y el español, pero también con la cruda realidad del racismo. El protagonista explora los matices del pensamiento conservador a través de una amistad turbulenta con otro chico del pueblo: David, un personaje complejo cuyas creencias provocan una batalla intelectual y emocional dentro del narrador.

I

EMPECÉ EL cuarto año de primaria en la Jennie Wilson en 1999. Nos habíamos mudado a Garden City después del divorcio de mis padres y fue la primera vez que recuerdo tener que socializar con gente desconocida. Como siempre, no estaba feliz.

No me apetecía la idea de estar tan lejos de la pequeña vida que tenía en Wichita: la tiendita de dulces a la vuelta de la esquina, la casa estilo *bungalow* en la calle Fountain, el mismo vecindario de todos mis compinches. Garden City queda a cuatro horas de Wichita, en el culo del mundo. Nos mudamos porque mi padrastro es de allí; había vivido en el campo desde que nació en 1945, en un verdadero *homestead* del siglo XIX a las afueras del pueblo. Pero nosotros viviríamos en una casita que había comprado cerca del centro de la llamada ciudad jardín.

La mudanza me daba ese miedo que padecen solo los chicos: el del parque infantil, del estatus social que —aunque uno no lo sabe— no significará nada a los 30 años. Pero a los 9, pertenecer significa todo. Y para mi mala suerte, la actividad que más les interesaba a los jóvenes de Garden era el fútbol.

Nunca he sido buen deportista, pero ser el *new kid* te hace considerar cosas improbables, como transformarte en futbolista al instante. Así que ese primer día me acerqué a la canchita con la intención de permanecer un rato en la periferia, a ver si alguien me invitaba a jugar. Era un día caluroso de agosto. El sol abrazaba y el viento soplaba como lo hace solo en las Grandes Llanuras, a 40 millas por hora, sacándote el gorro y arrastrándote como una hojarasca en el aire. Y el aire... olía a pedo.

—Hey, güero —escuché al cabo de un rato—. You play?

—Yeah, I can play —respondí sin mucha confianza. No sabía que significaba *wedo*, pero quería jugar—. What position?

El chico —después supe que le pusieron Temo de apodo porque nadie podía pronunciar Cuauhtémoc— me miró con sospecha, evaluándome los rasgos deportivos que no existían. Temo tenía un corte de pelo muy de moda en aquel entonces, todo afeitado aparte del flequillo y partido como un bigote Yosemite Sam en la frente. Llevaba un jersey que mostraba el nombre de algún futbolista que hasta ahora no sé quién es. Una o dos veces miró atrás a la cancha, decidiendo qué era lo más importante para ganar el juego.

—You can be the goalie, I guess —me dijo con un suspiro corto. Arquero, pensé. No tendré que correr. Muy bien.

Pues me metieron cuatro o cinco golazos y por culpa mía perdimos. Después, sentado en el pasto de la cancha de fútbol —el escenario de mi fracaso total—, pensé que nunca más tendría la oportunidad de congraciarme con estos chicos. Tendría que pasar todo el año siendo el pobre diablo que no podía parar ningún gol. Pero los de mi equipo no me regañaron. Decían que *next time* les ganaríamos sin problema, solo faltaba práctica. Eran buena onda.

Otros no tanto.

"You better watch out", dijo alguien detrás de mí en la cola de espera para regresar al salón.

Volteé la cabeza y vi a un chico rubio y enojado, y su actitud me confundió. ¿Quién era él para enchucharse tanto conmigo? Pero allí estaba, en sus ojos celestes, una ira novedosa dirigida a mí.

"Uh, what?", dije balbuceando. Noté que los demás chicos nos estaban rodeando, mirándonos a la espera de algo. Quizás un toque de violencia súbita, uno de esos que tanto les emociona a los colegiales. El chico me empujó un poquito.

"I said you better watch out", contestó. Tenía dos amigos a su lado, todos con aspecto intimidante en sus rostros de querubines. "I'd be careful hanging out with those beaners if I were you".

De repente se me ocurrió la posibilidad de pelear. Solo lo había hecho con mi hermano, y bueno, los hermanos tienen un acuerdo tácito de no sacarse la cresta. O tal vez es que mi hermano siempre era muy débil y nunca podía. Pero no existía ningún pacto con este chico, y ni mi hermano ni yo éramos tan duros como parecía ser él.

—What are you talking about? —le pregunté. Al igual que güero, *beaner* era algo desconocido. Me alejé un poquito, esperando su respuesta.

—I guess you don't know 'cus you're new here —dijo el chico —, but white people don't hang out with Mexicans.

—

En Wichita —tampoco una gran región metropolitana pero veinte veces más grande que Garden— no había conocido a tantos latinos, pero tenía amigos de muchas etnias. Crecí en un vecindario bien diverso. Noté que en Garden City no había mucha gente afroamericana, por ejemplo, pero aparte de eso, no pensaba en divisiones raciales. "White people don't hang out with Mexicans" era una nueva ley para mí.

Nuestro público se acercó aun más, creando una densa sensación de claustrofobia, un jarabe espeso y oscuro colgando en el aire entre el muchacho alborotado y yo. Él me miró con odio. Me di cuenta de que tendría que pelear y que no estaba preparado para nada. Era un *geek* flaco con una polera de Social Distortion. Ni siquiera entendí bien por qué estábamos discutiendo. "¿Este huevón no había jugado contra nosotros?", me pregunté. Imposible atajarle un gol.

—Whatever —dije, casi murmullando—. It's just soccer, right?

Se rio mostrando unas muelas sucias, algunas astilladas.

—All's I'm sayin' is you better watch out —respondió, de nuevo acercándose de manera amenazadora.

—

Me sentí cobarde, como que debía haber sabido defenderme mejor. Otra ilusión grandiosa de la niñez.

Afortunadamente, mi cobardía no se reveló ese día, porque llegó la maestra y dispersó a la multitud con el chillido estridente que, supongo, se aprende en los programas universitarios de educación primaria. Mrs. Deitz sacó ese "Back to class!" que provoca una reacción instantánea en los escolares bien entrenados en sus pocos años de educación. Todos se alejaron de la acción y regresaron a sus propias colas, tantos borregos de regreso al pasto sin la satisfacción de alimentarse.

"¿Recuerdas tu primera vez?". Normalmente la pregunta lleva una connotación sexual, pero aquí se trata de otra pérdida de inocencia. De una filosofía que se aprende como parte del ambiente en el que uno crece, que se manifiesta en las calles, en los parques, en las escuelas. Hay quienes piensan que el racismo es un fenómeno de la naturaleza humana, pero quienes lo estudian dicen que es una pieza de la estructura social.

Pero ¿de qué parte de la estructura viene? En Garden City, pues, tiene que ver con el hambre.

II

Mucha gente no sabe que su filete de carne viene de Garden City, pero es cierto: ese corte sabroso que comen muchos en sus cenas especiales es un trocito sangriento del suroeste de Kansas. Bueno, mucha gente ni sabe que existe ese lugar, a no ser que haya viajado por la carretera 54 y sentido el hedor repentino de millones de vacas aterrorizadas, esas futuras cenas. O si leyeron *In Cold Blood*, tal vez sepan que Truman Capote vivió allí durante casi un año, investigando a los asesinos de la familia victimizada. Decía él que no tomó ni un apunte porque tenía una memoria perfecta. Me pregunto a veces si su retrato del pueblito agricultor sigue siendo fiel. Ha cambiado mucho.

Lo seguro es que Capote no tuvo que oler la planta empacadora Tyson, originalmente Iowa Beef Processors (IBP) y ahora la característica definitoria de la región. Tampoco la tienen que oler los que compran sus productos en otros estados, pero si eres de Garden conoces ese constante hedor como si fuera tu hermano: el olor de la muerte, el de las heces y la orina animal. Es nauseabundo, inefable experimentarlo por primera vez: una infinidad de pañales sucios remojados en sangre coagulada. Algunos vomitan.

"El olor del dinero", dicen los de Garden, mientras su ingreso promedio es dos tercios del ingreso estatal, en un estado con una taza de pobreza de casi 16 %. Grandes franjas del pueblo no son más que casas ruinosas y casuchas de madera. Dicen que muchas son laboratorios de metanfetaminas, y es cierto que el tufo de ese brebaje nocivo también circula por las calles. Los múltiples olores del dinero.

El hedor de la planta, por lo menos, beneficia más que nada a Tyson Foods, la compañía que ahora es dueña de la fábrica y que tiene un valor neto de 24,5 billones de dólares. Cuando Iowa Beef Processors la construyó en 1981, era la planta empacadora más grande del mundo y representó el clímax de una profunda transformación industrial. Algunos la llaman "the IBP Revolution", y consiste en reubicar fábricas a zonas rurales con altas concentraciones de vacas y granos, transformar el procesamiento de carne de una obra artesanal a una de producción en cadena, eliminar los sindicatos y contratar activamente a inmigrantes de Latinoamérica. Aunque nadie en Garden City lo sabía, la "IBP Revolution" también iba a revolucionar el pueblo.

Los políticos y empresarios lo publicitaron como una marca de progreso: IBP escogió Kansas por sus recursos naturales, por su gente trabajadora y por su gobierno conservador. La compañía ofreció los cielos. "Ven a trabajar —le dijo a la gente de Kansas—. Juntos vamos a construir el futuro económico de tu estado".

En realidad, se lo dijo a los mexicanos que, en la década de los 80, empezaron a gozar de los supuestos beneficios del neoliberalismo norteamericano. IBP construyó una fábrica que necesitaría un mínimo de dos mil obreros en una zona con apenas quinientas personas sin trabajo. Vendían la retórica del progreso a la vez que buscaban contratistas para llenar la planta con mano de obra mexicana: obreros con sueldos mucho más bajos de lo normal y con alta posibilidad de renunciar dentro de un mes, sin poder reclamar sus beneficios. Junto con las generosas prórrogas tributarias que se le otorgaron a la empresa, eso significaba ganancias inconmensurables.

Para 1990, la población había incrementado. Nunca fue ciudad, pero Garden City creció de 15 a 30 mil habitantes en diez años. También la población de latinos aumentó del 16 al 40 %, y hoy en día es aun más. Ese aumento representa la llegada de los obreros itinerantes que ahora son la mayoría en esa zona.

Muchos venían de México a vivir solo por unos meses. Trabajar en la matanza, como le dicen, es muy duro. Es muy común que uno se lastime cortándose con un cuchillo o simplemente por hacer un acto repetitivo miles de veces cada día. Casi no se mueve uno de lugar por diez o doce horas. Se tiene que registrar la salida hasta para ir al baño y, pues, no te pagan por mear.

Tenía 7 años cuando visité Garden por primera vez y recuerdo que me escondí en el suelo del auto, cubriéndome la nariz. Le pregunté a mi mamá qué podría ser lo que apestaba tanto. Me dijo que eran los campos de soya.

Ahora sé que hacer tanto dinero siempre genera algo asqueroso. Que el capital es una trampa que hacen las multinacionales y su deshecho es el olor. Garden City huele mal porque los administradores locales se involucraron con gusto en los planes de la corporación. Los demás aprendieron a vivir con los cambios ambientales, pero no con el cambio social.

Ese chico que me dijo "White people don't hang out with Mexicans" tenía razón.

A pesar de que los latinos han sido la mayoría en los últimos treinta años, ha habido un solo político latino en Garden City. El 40 % de las familias hablan español en casa, pero casi no contratan a intérpretes hispanohablantes en las cortes, el hospital, ni en las escuelas. La bandera de los Estados Confederados se despliega junto a la de los Estados Unidos y, hoy en día, la de Donald Trump. Después de tantos años de vivir el sueño americano, las vecindades se separan por líneas raciales. Eso sí, hay muchísimos restaurantes mexicanos, pero en cuanto a la integración de verdad, en cuanto a la igualdad y la representación, ésas son difíciles de hallar.

Freud decía que lo reprimido siempre vuelve en forma de neurosis. El olor del dinero es un insulto tan grave a los sentidos, a la inteligencia, a la economía, que hay que reprimirlo, pero también hay que echarle la culpa a alguien, ¿no? Es mucho más conveniente para Tyson que los güeros se quejen de que los mexicanos les están quitando los trabajos —y que sus hijos güeritos aprendan a fastidiar a sus colegas por jugar fútbol— a que todos se den cuenta de la trampa del capitalismo y quemen la tierra que ocupa la puta planta.

Ese chico rubio y enojado que conocí en el parque en mi primer día en Garden era producto de eso. Creció rodeado del olor del dinero que ahora impregna su persona.

III

Después del primer encuentro, David y yo nos hicimos amigos. Yo me engañaba cuando pensaba que jugando deportes con los demás podía cambiar de *punk rocker* a ser un chico normal. Odiaba los deportes, odiaba casi todo. Quería demostrarle al mundo mi frustración con los pocos años que había vivido y David era el compañero perfecto.

Él tampoco tenía mucha conexión con Garden City, aparte de compartir algo de su ideología social. Era un *troublemaker* como yo, un adulto atrapado en el cuerpo de un chico. Nos metíamos en cualquier lío: hurtábamos cositas de las tiendas, hacíamos *skate* donde no se debía, fumábamos hierba en los callejones que entrecruzaban el pueblo, donde ponían los basureros. Vivíamos en esa basura, sintiéndonos una especie de basura humana rechazada por la alta sociedad que, de hecho, no existe allí.

Teníamos mucho en común. Bueno, nos gustaba la misma música y crear problemas. Su primo era amigo de mi hermano, así que era parte de mi ambiente. David vivía a dos cuadras de mi casa y siempre parecía tener planeada alguna diversión diabólica. Era más de lo que podía esperar de los demás niños de mi vecindad, todos *rednecks* y *jocks* interesados en la música *country*, el rodeo y las motos, ninguno con un solo libro en su casa. Por lo menos con David compartía la angustia de existir.

En muchas ocasiones, sentado en el *living* de su casa, escuché a su padrastro, dueño de una empresa de fertilizantes, quejándose de sus empleados mexicanos: de lo poco fiable que eran, de que no podían ni hablar inglés, que no se quedaban por más de un par de meses y que siempre tenía que buscar a otro, y a otro, y a otro para reemplazarlos. Lo mismo decía mi padrastro cuando hablaba de sus nuevos vecinos, que estaban arruinando el pueblo y que se notaba su falta de voluntad de ser *Americans* por su incapacidad de hablar la lengua. Seguro que lo mismo decían la mayoría de los padres y padrastros de niños blanquitos en Garden, mientras comían una cena de bistec bien fresco.

Es algo que nunca diría mi papá biológico, pero él creció en un mundo distinto. Fue a Vietnam contra su voluntad en 1968, regresó psicológicamente marcado y en los 60 era *hippy*. Fue a la universidad a estudiar Literatura. Trabajaba de ingeniero haciendo análisis estructural de aviones. Siempre fue poco hombre ante los ojos de mi padrastro.

De tal palo, tal astilla. Decidí que todos los de GC eran idiotas, ignorantes, hijos de puta y que yo no era como ellos. El instinto de mi primer día —que no me iba a congraciar con el *mainstream*— fue cierto. Pues me puse a trabajar para que todos lo supieran, con la ayuda de David, el enemigo-vuelto-amigo, la manifestación de mi neurosis. No hablábamos de la raza; no éramos filósofos. Nos enfocamos en las cosas más importantes.

Fue David quien me mostró cómo hacer una pipa de una lata de Sprite y cuáles tiendas vendían cigarros a los niños. Me enseñó cómo afanar cosas chicas: discos compactos y libros de D&D del Hastings, comida china del Dillons. Salíamos al parque con chicas de la escuela a tomar vodka e intentar lograr el conocimiento carnal sin mucho éxito. Destruíamos buzones y echábamos bloques de cemento en los parabrisas de autos. Nos movíamos por el pueblo como vapor pestilente, escondiéndonos en los rincones oscuros, escarbando sus contornos menos conocidos.

La última vez que lo pasamos juntos hicimos un trato. Yo tenía que cortar el pasto, pero obviamente no quería hacerlo; tenía 13 años. También era un asunto de principios. Mantener muy recto y limpio el pasto siempre era muy importante para mi padrastro, entonces era aun más importante para mí hacerlo mal. David me ofreció hacerlo con una condición: que cada vez que vaciara la bolsa de la máquina, yo le daría un trago de uno de los múltiples y deliciosos licores del gabinete de mi mamá. "Done", le dije.

La debía haber vaciado diez o quince veces. Perdí la cuenta; yo también estaba aprovechando de la ausencia de mis padres y tomando alcohol como si fuera adulto. Al final, David cortó la mitad del césped, vomitó sobre la silla que mi mamá más apreciaba y caminó a tropiezos las dos cuadras a su casa. Allí se desmayó en el suelo del sótano, justo fuera de su pieza. Sus padres lo descubrieron así y casi lo tomaron por muerto. Pero se despertó, lleno de alcohol, sin sentido, y les contó todo.

Después de eso, nuestros padres decidieron que no era buena idea que fuéramos amigos y nos prohibieron pasar tiempo juntos. Ya los teníamos hartos de las llamadas de la policía, de la escuela, de los vecinos avisándoles de las pendejadas que cometíamos, de la falta de respeto que mostrábamos por todos. Un año después, regresé a Wichita para vivir con mi padre, y los tiempos que pasé con David se transformaron en memorias distantes de una época poco agradable.

Seguimos rumbos distintos. Yo me gradué de la universidad y tenía mi grupo de música. Estaba tocando la guitarra y componiendo todo el tiempo, obsesionado por la estética, por la teoría modal y por la idea de ganarme el pan con la música. David abandonó la escuela a los 17, se alistó en el ejército y fue a Iraq, donde mató a siete u ocho personas. Había conversado una vez, en su clase de cívica, con un reclutador que le mostró los beneficios de unirse al ejército: recorrer el mundo, desarrollar habilidades técnicas, transformarse en un nuevo hombre con título universitario, gratis, después de su retorno. La cláusula implícita era *si es que sobrevives*.

IV

David sobrevivió y cuando regresó, se mudó a Wichita a cobrar la deuda del ejército. Allí nos juntamos de nuevo tras una década de silencio, y empezó a estudiar Ingeniería. Es la única razón por la que uno se muda a Wichita. Yo pensaba que sería una buena obra ayudarlo a adaptarse a una nueva ciudad: presentarle a mis conocidos, llevarlo a mis bares y cafés favoritos, mostrarle cómo ubicarse.

Pero la guerra lo había cambiado. Era difícil ser su amigo. Su paranoia me confundió, lo perseguía todo tipo de fantasmas peligrosos.

—That guy? —decía en el patio de Kirby's—. That guy's a fuckin' cop.

—David, he's not a cop. I know that guy, he's just a guy at the bar.

—Look at him —respondía—. Look at him, man. He's a fuckin' cop. I'm out of here.

~

Esto debió de haber pasado cien veces.

Lo que más le gustaba era quedarse en casa, fumar y discutir sus teorías conspirativas. Eso no era totalmente novedoso —yo también pienso de manera paranoica a veces—, pero David lo llevaba a un nivel extremo. No solamente fueron planeados por el gobierno los acontecimientos del 9/11, sino que tenían bombas nucleares en la luna. ¿No lo crees? Escucha a Alex Jones. Cuando estaba en Iraq, David lo escuchaba todos los días y de allí sacó la educación histórica que nunca le dieron en la escuela.

Allí aprendió que la Guerra Civil no fue a causa de la esclavitud, sino de la violación de los derechos estatales. Allí aprendió que Obama no nació en los Estados Unidos, que es un comunista africano, odia la Constitución y va a robarnos nuestras armas. David tiene varias armas.

Pero a lo largo del tiempo, cambió. No sé si fueron sus estudios universitarios, su salida gradual del trauma o el tiempo que pasaba conmigo viendo conciertos y comiendo hamburguesas los fines de semana. Quizás fue la combinación de todas estas cosas. De todos modos, nuestras conversaciones evolucionaron. Ya no hablábamos de conspiraciones, sino de Foucault y Chomsky; ya no creía en la eminente *race war* que vende Fox News. David empezaba a leer y a discutir ideas en vez de tener malentendidos paranoicos.

Me di cuenta de que mucha de su filosofía estaba basada en el mal entendimiento de la historia. "Everybody knows that the Civil War wasn't about slavery", me dijo una vez. Le mostré los artículos de secesión de los estados confederados y se sorprendió. "I'd never read those", murmuró, y creo que finalmente entendió algo más, algo humano. Yo también me nutrí al explicarme frente a sus dudas, sus sospechas, su constante desacuerdo. Me hizo pensar mucho; no es tonto. Incluso logramos ponernos de acuerdo sobre el carácter de Garden City, como un lugar racista donde van los inmigrantes para que Tyson los explote.

Pero también yo era un hijo de puta con David. ¡Uf, lo condescendiente que fui! Siempre sentía que tenía algo que probar en las conversaciones que tuvimos, que tenía que vencerlo de alguna manera. Le dije estúpido, racista, ignorante... de broma, sabes, pero no era precisamente un lenguaje de amor. Como muchas de las decisiones que he tomado en mi vida, ahora no entiendo mi actuar en ese tiempo. No entiendo por qué fui tan duro con él. Mintiendo, me digo a veces que era para sacarlo de su profundo desconcierto, para hacerle entender cómo son las cosas. Ya, ¿y yo quién soy para decirle? ¿Árbitro de la realidad? Pero él siempre lo aguantaba.

David se graduó y consiguió un puesto de ingeniero en una compañía de aviones muy conocida. Yo me desilusioné de la música y regresé a la universidad, a un programa graduado de Literatura y Lingüística. Qué cosa más útil, ¿no? El tema de mi tesis causó cierta polémica entre mis familiares y amigos que tienen alguna conexión con GC. Trata sobre la discriminación lingüística contra los hispanohablantes en Kansas. Grabé horas de entrevistas con hispanos locales y funcionarios públicos. Argumento que la falta de servicios lingüísticos dentro de los sistemas de educación, de salud y de justicia es una forma de discriminación con efectos negativos para la comunidad hispanohablante y el mantenimiento del español.

—Why do you hate Garden City so much? —me preguntó mi mamá cuando lo leyó—. I didn't realize this is what you were doing. Are you going to publish this?

Fue ella quien me convenció de no quedarme en Wichita cuando se casó con Doyle. Tenía 9 años. Llorando en su Dodge Neon, manejando por la calle Douglas, la arteria de la ciudad, me dijo que GC no era tan mal lugar. Había nueva gente, nuevas cosas que aprender y hacer.

—Who knows. Probably not —le dije, sabiendo de todo corazón que el manuscrito era una mierda, a pesar de lo válido del argumento.

—Well, I hope not —respondió. —I hope not.

～

Le pasé una copia a David también, pero nunca supe si la leyó.

Unas semanas después lo vi por última vez. Estábamos en Kirby's como siempre. Tocaba algún grupo mediocre de los que suelen tocar allí los miércoles en el verano. En pleno 2019, ya era una cagada la situación política y en todos lados hablábamos siempre de Trump. Kirby's, un oasis hípster en una ciudad de obreros e ingenieros, presenta una colección perfecta de *outsiders* y *misfits* para quien quiera una conversación con espíritu.

—So —dijo—. Did you hear about Beto O'Rourke?

—No —confesé, pasando un trago de cerveza media tibia—. What'd he do?

—He gave a fuckin' —escupió fuertemente hacia el parking—. He gave a whole speech in Spanish at this rally.

Sabía que ahora íbamos a discutir, medio gritando y medio borrachos, frente a ese bar del porte de un insecto en la calle 17; sabía que otra persona o tal vez un par de personas iban a unirse a la conversación, y que después yo tendría que decirles que David realmente no es mala persona, que tiene TEPT, que probablemente fue un chiste, que molesta por gusto. Y, simplemente, no tenía las ganas.

—Man, I don't want... can we just not talk politics for once? —dije—. I just want to have a beer and listen to this shitty band and smoke a bunch of cigarettes.

Y lo dejó ahí. Dos horas después, cuando él se había ido y yo me quedé a ver cuántos puchos podría fumar, llegó un mensaje de texto:

—Why are democrats changing from English to Spanish in the middle of a presidential debate? Never met a college professor who decided to speak a different language in the middle of a lecture...

Are they trying to finally kill the democratic party?

—Lol you are so caught up on that.

What the fuck do you have against Spanish?

—It's not the language used for official government purposes in America.

Democrats are already acting way too desperate for

attention and Trump's gonna win because of it.

—He just repeated what he said in English. Get over it. Learn Spanish.

—Fuck Spanish. I'm American not Mexican.

—Lol racist.

—It's America, the native language is English.

—Actually it's not, David. Spanish has been spoken here much longer, and there is no federal official language.

—The constitution is written in English. End of discussion.

—Lol you sound like an idiot.

He spoke like 30 seconds of Spanish and you're losing your shit. Xenophobe much?

—Yeah basically I'm saying fuck the Spanish sympathizers.

Sick and tired of this liberal bullshit.

Don't like America, get the fuck out.

—Hahaha, alright retard, go to bed.

—Yeah go support foreign language speaking presidential candidates. If they spoke Russian instead of Spanish you wouldn't feel the same. Sorry you was born in Kansas and not in Chile. If you despise Americans so much then go the fuck to South America and stop trying to hide out in college.

—Cock sucker.

—Sick of Spanish speakers having a higher standard in your world. If white Americans suck so bad then get the fuck out and stop making everyone who lives here feel like a savage.

—

Le dije que si íbamos a ser amigos de nuevo, me tendría que pedir perdón. Es algo que le he dicho a un par de personas en los últimos momentos de nuestras relaciones, pero no creo que funciona. Tal vez por eso se lo dije a él: para poner un fin a esa época de mi vida y no sentirme tan culpable. No me pidió perdón. Pues chao. Tal vez realmente ya no quiero ser su amigo, pero por alguna razón lo dudo. Tal vez porque lleva consigo una parte de mí y yo, en mi egoísmo eterno, no la quiero ver partir. De todos modos, desde aquel momento no hemos hablado. Me mudé a Austin para comenzar el doctorado, y David, que yo sepa, está en lo mismo que antes.

Cuando llegó la pandemia, sentía frecuentemente la ausencia de un debate extremo con él sobre el origen del virus, los planes del gobierno, la realidad o irrealidad del asunto. Tyson Foods figuraba prominentemente en el discurso público ese año, siendo uno de los mayores productores de carne en los EE. UU. y con personal 90 % mexicano. Negocio esencial, seres humanos desechables. Sería interesante escuchar lo que tiene que decir mi examigo sobre todo lo que ha pasado.

Pero también me doy cuenta de lo positivo de esa ausencia. Tengo una imagen recurrente, quemada en mi cerebro, de David con una bandera de Trump o QAnon, vestido de soldado con su rifle semiautomático, asaltando el Capitolio y matando algún policía o político. Tal vez él estaba allí. Lo dudo, pero ¿cómo podría saber?

Si es que en algún momento regreso a Garden City de nuevo, algo que no he hecho por años y que no sé si voy a hacer, seguro que me golpeará el olor del dinero. Traerá recuerdos de mi niñez en su aliento asqueroso, mezclados con los resentimientos de una amistad destrozada.

La magia de Disney

Monserrat Ramón

La historia gira en torno a una mala impresión que se lleva una niña después de visitar el parque de Disneyland en California, y cómo cambia esa impresión conforme pasan los años y ella madura. El paso del tiempo le permite levantar el velo de la ignorancia y las ideas falsas que tenía sobre "el mundo mágico de Disney" y sus trabajadores. Esta historia incluye acontecimientos de algunos de estos trabajadores, quienes hacen del parque una experiencia inolvidable. Sobre todo, la historia demuestra cómo su curiosidad la lleva a investigar, descubrir la verdad y obtener la claridad que tanto desea.

NOS POSICIONAMOS en el mero centro, justo en frente del Castillo de la Bella Durmiente y una estatua de Walt Disney en Disneyland, para que nos tomaran una foto en familia. "Sostén tus manos a la altura de tu pecho —me ordenó la fotógrafa—. Y ustedes —dirigiéndose al resto de mi familia— volteen a ver las manos de ella y sonrían mientras dicen Mickey". Así quedó. Justo después de tomar la foto, la mujer le entregó a mi papá un papelito con un código.

Al regresar a casa, después de las vacaciones, mi papá bajó la foto de la computadora y la imprimió en grande. En mis manos aparecía Campanita volando y todos volteando a verla tal y como había ordenado la fotógrafa. Bueno, casi todos. Mi hermano, el más chiquito, de tan solo 5 años de edad, sale volteando hacia el otro lado; y el momento en que vio la foto ya impresa y colgada en la sala, comenzó a llorar.

—¿Por qué no me avisaron que estaba ahí Campanita?
—Mágicamente apareció —dijo mi mamá.

Figura 1. Foto familiar. Cortesía de la autora.

Magia. Veo esa foto colgada en la sala de mi casa y recuerdo casi como si fuera ayer aquel viaje que me quitó la venda de los ojos y la hizo desvanecerse.

De chiquita, mi mundo giraba alrededor de Disney, de sus personajes y de la chispa que los traía a la vida. Para mí, ir a Disney World en Orlando era ir a interactuar con mis más grandes ídolos. Nada podía ser más agradable que acudir a un lugar donde sabía que estaría rodeada de mis personajes favoritos y de gente que compartía la misma pasión que yo. Al ver cómo gozaba tanto del ambiente y de aquella magia que brotaba de cada rincón dentro del parque Magic Kingdom, mis padres hicieron todo lo posible para regresar. Todo, con tal de vernos sonreír a mis hermanos y a mí. Desde las atracciones hasta los desfiles, yo me sentía soñar en un mundo que solo emitía energía positiva y buenas vibras.

Continuamos yendo a Disney World, hasta que un año mi padre decidió cambiar y llevarnos a conocer Disneyland, en

Anaheim, California. Para entonces, yo tenía alrededor de 14 años, pero llegué con la misma expectativa de ser apapachada tanto por Mickey y Minnie Mouse, como por las princesas y el resto de los personajes. Lástima que lo único que recibí fue, figurativamente hablando, una cachetada de parte de los empleados del parque, y eso me hizo aterrizar a la realidad.

A diferencia de los empleados de Disney World, no todos los empleados de Disneyland me devolvían la sonrisa, y los que sí, lo hacían de manera forzada. Llegué a la conclusión de que, así como las esponjas, estos empleados malhumorados estaban absorbiendo toda la magia del parque. Lo que no me quedaba claro era dónde la estaban exprimiendo y si había forma de rescatarla. Es impresionante cómo el estado de ánimo de una persona puede influir el estado de ánimo de los demás. Me habían contagiado su mal humor, y me fui de ese viaje con una muy mala impresión de Disneyland y de sus trabajadores.

Años después, comprendí lo que pasó. Los trabajadores de Disneyland tenían un motivo para comportarse de esa manera. Quizás eran falsas sus sonrisas, pero no por querer amargarnos las vacaciones a los visitantes, sino porque ellos tenían sus propios problemas. Estaban siendo explotados por la compañía. Han pasado alrededor de siete años desde que hice aquella visita, y hace poco me enteré de que desde entonces han organizado huelgas y han luchado para apresurar negociaciones con The Walt Disney Company para mejorar sus salarios y, en general, tener un mejor entorno de trabajo.

Hoy en día estoy mejor informada de la posición en la que se encuentran algunos empleados. Debido a que Disney es el principal empleador en el condado de Orange, el pago de los empleados influye mucho en la economía y la calidad de vida del lugar. Aunque el 80 % de los trabajadores están orgullosos de su trabajo, la gran mayoría siente que Disney les está faltando al respeto (Prouser 2019). Más del 85 % de ellos cobran menos del salario mínimo, que son 15 dólares la hora (Prouser 2019). Por esta razón, les cuesta mucho trabajo estar felices en *el lugar más feliz de la tierra*. A pesar de que han intentado sobrevivir con un salario muy bajo en Anaheim, ésta es una de las ciudades más caras de los Estados Unidos, y dos tercios de estas personas no ganan lo suficiente para comer tres veces al día (Prouser 2019). Algunos, como padres, se aseguran de alimentar primero a sus hijos y en ocasiones se quedan sin comer. Desesperados, buscan comida en iglesias o entre bolsas de basura. Hoy, algunos empleados tampoco tienen hogar y duermen en el auto. Después de saber esto, es evidente que la compañía les exige demasiado a los empleados. Disney espera que finjan estar felices y que todo está bien mientras viven por debajo del umbral de pobreza. Para los empleados la magia se ha ido desvaneciendo lentamente conforme ha ido empeorando su situación económica, a diferencia de los visitantes, quienes siguen regresando por esa increíble experiencia.

Estas personas proyectan miradas afligidas acompañadas por su sufrimiento. Por ejemplo, los que trabajan con alimentos en Disney sufren al ver toda la comida que está a disposición de los visitantes y que se desperdicia al fin del día. Sufren solo de pensar cómo esa comida les quitaría el hambre y un peso de encima, debido a que ellos tienen que luchar para poner comida en la mesa en sus hogares.

Ana María, quien trabaja como camarera en el sector hotelero de Disney, dice que es difícil para ella saber que las habitaciones que limpia cuestan alrededor de 700 dólares la noche, cuando gana un salario mínimo de 11 dólares la hora (Prouser 2019). Ella se ve atrapada en un espejismo que le hace recordar su propia realidad día a día: por más que quisiera, con lo poquito que gana trabajando, solo en sus sueños podría pagar esa cantidad por una noche en un resort de lujo. Aparte de quejarse del mal pago, también se queja de las condiciones laborales, pues dice que el aumento en la carga de trabajo le ha causado dolor muscular y en el cuello. Por último, se queja de que las tareas más duras las reservan para las minorías y los migrantes, lo cual, dice, es injusto (Prouser 2019). La situación de Ana María denota la falta de consideración de Disney hacia sus empleados y arroja una luz sobre las dificultades que atraviesan las minorías y los menos afortunados. Así como ella, miles de empleados sufren de tanto anhelar lo que está a disposición de los clientes y fuera de su alcance. En mi experiencia, la magia que existe en los parques yace en la actitud de los trabajadores. ¿Cómo espera Disney que sus trabajadores mantengan caras de alegría ante los visitantes si ellos sienten que la empresa no los valora y da por hecho que tienen que hacer todo su esfuerzo?

Por otra parte, The Walt Disney Company fabrica sus juguetes en otros países como China, donde explotan de la misma manera a sus trabajadores, víctimas de bajos salarios de 1.5 dólares la hora, horarios de trabajo de 12 a 17 horas por día, y además están expuestos a productos químicos, según las investigaciones de la organización no gubernamental Child Labour Watch. En estas fábricas ubicadas en China también han llegado a contratar a niños de 14 años, a pesar de que el trabajo infantil está prohibido. Qué triste es imaginar que el futuro dueño del juguete y el encargado de empacarlo comparten la misma edad, pero no las mismas emociones. Para estos niños, el impacto que éste tiene en sus vidas es completamente distinto. Para un niño comprar ese juguete lo puede hacer sumamente feliz, mientras que para otro éste representa opresión y esclavitud.

Al igual que a los niños, existe una delgada línea que separa a los trabajadores de los visitantes y consumidores de Disney. Esta línea está marcada por el énfasis en el trato al consumidor que nubla la vista de los directivos de Disney y descuida a sus propios trabajadores. El consumidor está cegado por la mercadotecnia de Disney y la magia que es fabricada por los mismos trabajadores. Aquí y en China, se deben valorar los derechos humanos y los derechos fundamentales. Así como Disney promueve sus productos y proyectos sociales, debería reconocer y promover los derechos universales reconocidos en la Declaración de los Derechos Humanos para desaparecer esa línea que pasa desapercibida por la compañía.

No por nada se dice que la sabiduría llega con la edad y la experiencia. Quizás antes era muy chiquita y no hacía más que soñar. Me era difícil ver más allá de lo que me pintaba el increíble mundo de Disney. A través de los años, he tenido que aprender a observar y analizar para comprender este tipo de situaciones. De la misma manera, he tenido que aprender a distinguir entre lo que es un acto de la imaginación y la realidad, a veces triste. En mi opinión, existen tres tipos de percepciones diferentes sobre esta realidad detrás de la falta de atención y la explotación que sufren los trabajadores de The Walt Disney Company. Está el soñador, el cínico y el optimista.

Para el soñador, el amor por Disney y la fantasía es tan grande que es ciego ante lo que ocurre detrás del escenario. Su mundo gira alrededor del producto de la imaginación de Walt Disney, uno color de rosa. Son principalmente los niños quienes tienden a compartir esta percepción, pues de pequeña incluso llegué a sentir lo mismo y a ver el mundo de esa manera. Para ellos, el mundo de Disney forma gran parte de su infancia, y son incapaces de ver más allá de lo que sucede fuera de esa burbuja de su imaginación que es fomentada por Disney. Les es difícil notar el sufrimiento que reflejan los trabajadores dentro del parque porque están muy envueltos en la fantasía que la misma compañía crea para atraer al consumidor. En otras palabras, el soñador también es víctima de la mercadotecnia y el consumismo, lo cual distorsiona su percepción de la realidad.

Para el cínico, la realidad es que The Walt Disney Company es un monopolio del entretenimiento y da la impresión de que está más enfocado en hacer dinero que en el bienestar de sus empleados. Ante sus ojos, Disney trabaja duro, más que nada, para vender sus productos a través de la narrativa de la magia y los sueños de los niños. La compañía depende de las buenas experiencias de los visitantes para que vuelvan y les puedan seguir sacando dinero. El enfoque de la compañía está en complacer a los accionistas y en crear ganancias para ellos. A través de los años, este monopolio se ha expandido con la compra de compañías, lo cual denota la avaricia de Disney. Entre más dinero y poder acumulan, menos atención les ponen a las necesidades de sus trabajadores. Alguna vez dijo Walt Disney: "Pregúntate si lo que estás haciendo hoy te acerca al lugar en el que quieres estar mañana". Si siguiera vivo, el cínico argumentaría que él estaría decepcionado al ver cómo han cambiado las prioridades de la compañía y, en general, a lo que ha llegado The Walt Disney Company. La compañía ha descuidado a las personas más importantes dentro del parque, las que realizan la labor y crean las memorias que hacen de Disney una experiencia fantástica e inolvidable.

Por último, existe el optimista, con quien más me identifico, ya que comparte un poco de las dos percepciones antes mencionadas, la del cínico y la del soñador. El optimista ya pasó por la etapa del soñador y ahora entiende la gravedad de la situación. Ahora mantiene esperanza de que las cosas van a cambiar y mejorar por el bien de todos los trabajadores y de los que han sido tocados de alguna manera u otra por la fantasía de Disney. El optimista comprende que los trabajadores también tienen sueños de ser felices y poder darles una mejor vida a sus familias. Si Disney es en verdad, como dice la compañía, "el lugar donde los sueños se realizan", entonces debe considerar tanto los sueños de sus trabajadores como los de los visitantes, así todos podemos estar felices y disfrutar del gran éxito que ha tenido a través de los años el mundo de Disney. Como llegó a decir alguna vez Walt Disney: "El progreso es imposible sin cambio". Si los trabajadores no están satisfechos, y quienes dan vida a los personajes de Mickey Mouse, Minnie Mouse, Goofy, Pluto, el Pato Donald y Daisy están pidiendo ayuda a gritos, entonces las cosas tienen que cambiar para que ellos puedan sonreír de verdad y no forzadamente. Desde los trabajadores, quienes se disfrazan de estos personajes, hasta quienes manejan los alimentos, las camareras dentro de los resorts y los que trabajan en las fábricas de los productos de la compañía, todos se esfuerzan e influyen para que los niños no pierdan la ilusión, sigan soñando y creen memorias inolvidables que permanecerán con ellos el resto de sus vidas. Éste es el éxito de Disney que nos saca a todos el niño que llevamos dentro.

Independientemente de estas tres percepciones, el punto es que las cosas tienen que cambiar. Para que mejore la situación,

The Walt Disney Company debe evaluar su ética empresarial y, en lugar de enfocarse en los accionistas, la compañía debería centrarse en todos los interesados. De esta manera, quienes forman parte de la empresa, como los trabajadores, serán considerados; deberían ser la prioridad y sus necesidades deben ser satisfechas para que puedan sentirse orgullosos de su trabajo, así como Walt Disney habría querido. Lo que yo quiero es regresar a Anaheim y ver sonreír a todos los trabajadores sabiendo que sus sonrisas son sinceras porque en verdad están contentos.

Ahora que escribo esto y veo la foto familiar, reflexiono acerca de la postura de mi hermanito. Él mira a su alrededor, como lo hago yo ahora, tratando de entender la compleja realidad que sostiene ese mundo de fantasía. Su curiosidad por lo que sucede fuera del marco de la foto hace que su postura sea real. Hoy en día veo la imagen con otros ojos. Me gusta pensar que la luz que emite Campanita y que sostengo en mis manos es la verdad. Por el bien de todos, depende de mí arrojar esa luz sobre la historia de Disneyland para crear consciencia y conocimiento al público de la realidad y de lo que se esconde en las sombras de The Walt Disney Company.

Bibliografía

Costa, Ramón. 2018. "La cara menos feliz de Disneylandia, un mundo de explotación laboral". *Ecoavant*, 18 de junio. https://www.ecoavant.com/sostenibilidad/la-cara-menos-feliz-de-disneylandia-un-mundo-de-explotacion-laboral_3906_102.html.

"The Dark World of Disney." 2016. China Labor Watch, June 13. https://chinalaborwatch.org/the-dark-world-of-disney.

Dreier, Peter, y Daniel Flaming. 2018. "Los trabajadores de Disneyland se sienten infravalorados, faltos de respeto y mal pagados". *Los Angeles Times*, 1 de marzo. https://www.latimes.com/espanol/eeuu/la-es-los-trabajadores-de-disneyland-se-sienten-infravalorados-faltos-de-respeto-y-mal-pagados-20180301-story.html.

Heinz, Brett. 2019. "It's Time to Break Up Disney." *The American Prospect*, October 1. https://prospect.org/power/time-to-break-up-disney-monopoly.

Mattera, Philip. 2020. "Walt Disney: Corporate Rap Sheet." Corporate Research Project, Good Jobs First. Updated August 1. https://www.corp-research.org/disney.

Prouser, Fred. 2019. "La heredera de Disney visita su imperio y denuncia que sus empleados se ven forzados a 'buscar comida en la basura'". *RT en Español*, Reuters, 17 de julio. https://actualidad.rt.com/actualidad/321400-heredera-disney-dignidad-derechos-humanos-disneylandia.

Cruzando fronteras

Kyra Fink

Mientras estaba estudiando en el extranjero, fui por un fin de semana a Marrakech, Marruecos. Viajar es algo muy importante, no solo por visitar lugares bonitos, sino también para abrir nuevas perspectivas y ver cómo viven las personas distintas a mí. Aprendí que, a veces, viajar puede ser difícil, incómodo, puede hacernos cuestionar lo que siempre hemos creído y afrontar las cosas que siempre hemos dado por hecho. De muchas formas, ese es el punto. Y Marruecos es donde me di cuenta de que las cosas que nos diferencian también nos pueden unir.

—¿Marruecos? —sonó la voz titubeante de mi madre en el teléfono—. ¿Estás segura de que no será... peligroso?

—Sí, sí, voy a ir con siete amigas en grupo con una guía. Todo estará bien. No te preocupes —le aseguré a mi mamá. Pero sus preocupaciones me hicieron pensar, aunque no quería admitirlo.

Vi el programa de Anthony Bourdain —uno de mis favoritos— sobre Marruecos, al menos tres veces para sentirme más cómoda y saber cómo lucían las calles y la gente. Esto alivió mi ansiedad un poco, pero cuando llegó el momento de abordar el avión, regresaron mis preocupaciones. Nunca había estado en un país en África, especialmente uno predominantemente musulmán. No es que tuviera prejuicios en contra de esa religión, sino que el gobierno estadounidense acababa de aprobar una ley que limitaba la inmigración de gente de países donde existen *amenazas terroristas*. Eso incluía a los países musulmanes y, aunque no era justo, existía mucha tensión alrededor del tema.

Era julio y llegamos al aeropuerto de Marrakech a las 9 de la noche. Tuvimos que esperar en la fila de aduana por hora y media, y cuando fue mi turno, el oficial apenas me miró. Al salir del aeropuerto, el aire de la noche estaba sorprendentemente fresco. Nuestra guía nos recogió en su camioneta y nos fuimos con los otros estudiantes al hotel para pasar el fin de semana. Mientras íbamos por las calles, me sorprendió lo animadas que eran las personas: parejas jóvenes iban en sus motos cruzando el tráfico, niños caminaban tomados de la mano de sus madres, vendedores callejeros ofrecían comida y baratijas. La luna estaba grande y brillaba contra el cielo oscuro desde atrás de las altas palmeras.

De repente, la camioneta paró. Habíamos llegado a la medina, la parte vieja y cerrada de la ciudad. También se llama la Ciudad Roja, por el color del barro de sus muros. Navegábamos a través de las calles estrechas y nuestro equipaje rebotaba sobre el adoquín áspero. Muchas motos volaban cerca de nosotros, evitando apenas los puestos de los vendedores que bordeaban las calles, más parecían pasillos. Los muchachos altos de nuestro grupo tenían que agacharse al pasar por los arcos, mientras transitábamos por los pasillos sinuosos. Cuando llegamos al hotel, aunque era casi medianoche, nos recibieron con una cena tradicional y té de menta, algo con lo que me iba a familiarizar durante los próximos días. Comimos el guisado con pollo, olivas verdes y especias fragantes y vagamente familiares. Había bebido té de menta antes, pero no como éste. No era la versión de Starbucks; este té estaba preparado según una tradición antigua y sagrada. Nos lo sirvieron en tazas decoradas con hojas frescas y un plato de cubos de azúcar. Estaba delicioso y sentí que el calor se extendía por mi cuerpo. Me acosté con la panza llena de cuscús y una excitación nerviosa.

El día siguiente fue un sueño. En retrospectiva, no sé cómo hicimos todo lo que hicimos en solo un día. Después del desayuno, nuestro grupo de cerca de quince personas subió al coche para la primera excursión: una caminata guiada en la cordillera del Atlas. Al salir de Marrakech y ver las afueras de la ciudad, el paisaje me pareció familiar y me di cuenta de que era como mi ciudad natal, Las Vegas. El desierto parecía extenderse para siempre, hasta llegar a las montañas moradas en la distancia. Pasamos por algunas casas grandes de paredes altas y guardias armados, separadas por pocos kilómetros, y cruzamos por un barrio humilde en el que los niños jugaban con pelotas de fútbol. ¡Qué extraño! Había viajado ocho mil kilómetros para llegar a un sitio que me recordaba a mi propio país.

La primera parada fue en la casa de una familia para beber té de menta, por supuesto. Paramos al lado de una carretera rural y entramos a la casa. La familia no hablaba nada de inglés, pero nos recibió con grandes sonrisas. Nos sentamos en una zona de asientos y la mamá nos trajo té con azúcar. La familia tenía una tienda pequeña atrás, donde nos llevaron después de terminar el té, y donde compré un collar de piedras coloridas para mostrarles mi gratitud por su amabilidad. Mis amigas y yo vimos a un niño que estaba escondiéndose detrás de la falda de su mamá, mirándonos con curiosidad. No podría tener más de 8 años y seguía sonriéndonos a mí y a mis amigas tímidamente. Antes de salir, nos sacamos una foto con el precioso niño.

Después del té, hicimos otra parada para montar camellos. Cuando me enteré de que haríamos eso, imaginé que sería una experiencia maravillosa en un desierto abierto. En realidad, paramos en un sitio al lado de la carretera donde estaban siete camellos con sus dueños y nos alternamos para montarlos. Creo que la experiencia duró menos de diez minutos, pero los guías envolvieron nuestras cabezas en bufandas para hacer turbantes y sacarnos fotos chistosas sentadas en los camellos, así que todo estuvo bien.

Finalmente, llegamos al pueblo que estaba al pie de las montañas. El viaje allí fue muy bonito, había un río que fluía entre los valles y pueblos antiguos ubicados a ambos lados. Nuestro guía era un hombre muy simpático e impresionante. ¡Sabía cinco idiomas! Fue una dura escalada por la montaña, pero valió la pena. A cada paso se veían tiendas de colores vivos donde vendían *souvenirs* y ofrecían refrescos. La caminata nos permitió ver paisajes extraordinarios con los pueblos de alrededor. La caminata terminó en un almuerzo cerca del río, con comida tradicional y un grupo de música marroquí. La comida fue el mismo plato que comimos la noche anterior en el hotel, ahora sabía que se llamaba pollo *tagine*. Con la música de fondo, charlamos acerca del día y me di cuenta de que nunca, ni siquiera un instante, me había sentido asustada, ni había dado un minuto a mis pensamientos sobre mi seguridad. Aquí estaba en un país que los Estados Unidos consideraba una amenaza, que había sido sometido a una campaña que usaba estereotipos injustos en los medios de comunicación americanos. ¿Y por qué? No había visto terroristas musulmanes escondiéndose en las sombras, ni había sido maltratada por nadie debido a mi nacionalidad. A mí me parece que esta *tensión* era unilateral. De hecho, lo que noté con sorpresa fue lo feliz y sinceramente amable que parecía la gente. La familia que nos daba el té, en su casa de suelo de tierra y techo plagado de agujeros, estaba encantada de compartir su hogar con nosotros, un grupo de forasteros. Los hombres de los camellos estaban bromeando y riendo entre sí, mientras estaban de pie en ese sol hirviente. Nuestro guía, quien nos llevó con habilidad por la montaña, mientras nos hablaba sobre su país y lo mucho que significa para él, fue muy amable. Cada persona nos trató no solo con respeto, sino con amabilidad y curiosidad. Pensé en las noticias que había recibido de mi familia y amigos. Pensé en los encabezados de los periódicos en mi país. Pensé en cómo las leyes discriminatorias e injustas hacen daño a personas reales y alteran sus vidas sin ninguna buena razón. Ahora, nada de eso tenía sentido. Pensaba en por qué vivimos en un mundo en el que las personas tratan de separarnos y nos hacen tener miedo los unos de los *otros*, y este pensamiento me mantuvo ocupada todo el viaje hasta volver. Nunca encontré una respuesta.

Aquella noche nos reunimos en la terraza del hotel, que tenía grandes vistas de Marrakech. Las torres de las mezquitas se alzaban en la puesta del sol, resonaban los sonidos del Ramadán, indicando que los musulmanes pueden comer después de un día entero de ayunar. Estábamos sentados en un círculo en la terraza, charlando mientras bebíamos cerveza y fumábamos *narguile* de sabores dulces. Hablamos de nuestras impresiones del día, y casi todos estaban de acuerdo en que las experiencias habían sido maravillosamente inesperadas. No sé cómo surgió el tema, pero hablamos de política y las ideas equivocadas que todos tenían al principio del viaje, y si lo admitirían o no.

—¿A los marroquíes les gustan los americanos? Yo había pensado que no. —Le preguntó alguien del grupo a nuestra guía, Marcia.

—Pues, depende. Obviamente cada persona tiene sus propias ideas, pero generalmente sí. Están acostumbrados a los turistas aquí. —Contestó Marcia.

—Pero, creía que la gente aquí tenía ideologías contra los americanos y el oeste.

Marcia, quien era de Sudáfrica y se veía como nosotros, con su piel blanca y ojos verdes, pensó por un par de minutos antes de responder.

—La elección de Trump no fue algo bueno para las relaciones entre los países musulmanes y los Estados Unidos. Los marroquíes educados saben que no todos los americanos comparten las ideas de la administración actual, pero los otros... no sé. Es una situación difícil.

—Las personas que hemos conocido no parecen tener antipatía por nosotros.

—Sí, los marroquíes son personas tolerantes. Su religión es importante, pero es más relajada aquí que en otros países musulmanes. La mayoría es bastante liberal, especialmente los jóvenes. Es la razón por la que ves a personas vestidas con ropa informal y mujeres sin *hiyab* —nos explicó.

Yo pensaba en las respuestas de Marcia mientras caminábamos por las calles hacia el lugar donde tendríamos la cena. Anduvimos por los pasillos hasta que finalmente llegamos a Yamaa el Fna, la plaza central de la medina. La plaza estaba llena de vida, con personas navegando entre los zocos, vendedores callejeros haciendo sus rondas, humo saliendo de los puestos de comida. El bullicio era electrizante, a veces casi abrumador. Nuestro grupo siguió a Marcia mientras nos llevaba al puesto de comida que había escogido. No recuerdo si el puesto tenía un nombre, pero recuerdo la alegría pura de los hombres cuando escogimos su restaurante. Nos sentamos en las sillas y los hombres nos llevaron platos con carne y vegetales asados, los más frescos que había comido. Ellos también asumieron la responsabilidad de entretenernos y nos cantaban canciones, algunas en inglés, otras en su lengua nativa. Ellos rodeaban nuestro grupo bailando, aplaudiendo y sonriendo mientras cantaban. Recuerdo que cantaron "Waka Waka" de Shakira, y todos en el puesto los acompañaban cantando y aplaudiendo.

De nuevo, me sorprendió la felicidad y amabilidad sincera de las personas que me rodeaban, personas a las que otros me habían dicho que debo temer. Me di cuenta de que allí reside una de las alegrías más adictivas de viajar: sorprenderse constantemente. Probar que estabas equivocada y estar contenta de lo que te sucedió. Me di cuenta de que no debemos creer todo lo que oímos sobre un lugar o un tipo de gente; quizás no debemos creer en casi nada, incluso las opiniones o ideas de tu mejor amigo o de un pariente, porque la vida es muy corta para escuchar a los otros, y con certeza, es muy corta para escuchar el miedo. Ve a verlo por ti mismo, el mundo te está esperando. Fue aquí en África que encontré el significado de viajar y supe que tal vez es nuestra única oportunidad para el entendimiento mutuo, para la compasión y la paz.

El domingo por la mañana vino con un aire pesado y con tristeza. No quería despedirme de este lugar encantador que me enseñó tanto. Quizás esto suene distinto, como si la chica que abordó el avión de vuelta a España no fuera la misma de antes. Al mismo tiempo, creo que debemos cambiar a través de nuestras experiencias, especialmente si son tan influyentes como viajar. La verdad es que Marruecos es el lugar más interesante y diferente en el que he estado. Me hizo reflexionar mucho sobre mis propias ideas y también cómo las noticias y las redes sociales influyen en nuestras ideas. Con la cantidad de información que tenemos hoy en día, creemos que conocemos un lugar antes de ver sus tierras o respirar su aire. Pero necesitamos rechazar esta suposición, porque es muy fácil, muy simple. Necesitamos admitir que nuestro mundo es mucho más matizado y complejo de lo que creemos. Ni las personas ni los lugares encajan en simples estereotipos.

Anthony Bourdain, uno de mis héroes personales, tenía un tatuaje en su brazo que decía: no estoy seguro de nada. Pienso en esta frase con frecuencia, un mantra para recordar que no importa lo lejos que he viajado, siempre habrá mucho más por explorar, saber y aprender, y sé que eso nunca debe parar. La meta de Bourdain era llevarnos, a través de la televisión, a todos a los lugares más lejanos y extraños de nuestro mundo, para hablar con la gente, comer su comida y hacernos un poco menos miedosos de lo desconocido. Este viaje transformador me enseñó que es imperativo que seamos escépticos. La verdad es que viajar es vivir. Es desafiar lo que crees que sabes. Es cambiar tu mente al hablar y conectarte con los otros. Es ver la unidad que tenemos como una sociedad global y ver que aun las personas que consideras muy diferentes a ti pueden ser tus hermanos. En un mundo tan dividido, ésta puede ser la única esperanza que tenemos.

Fronteras internas

Video funeral

Maribel Bello

Al abuelo le dio la gana de morir apenas comenzaron a anun-
ciarse los primeros casos de Coronavirus, en marzo del 2020,
cuando las noticias en torno a las muertes en Italia mostra-
ban imágenes tristísimas de otros abuelos despidiéndose de
su familia a través de iPads. Ancianos que se quedaron sin el
último encuentro con sus seres queridos. Sin una despedida
íntima. Sin la posibilidad de observarse detenidamente el
rostro, las arrugas, la boca seca y la flacura del cuerpo. Sin
recibir besos pausados y secos en el rostro, mejilla o manos.
Sin atestiguar negaciones de cabezas, puños apretados, silen-
cios. Sin palabras torpes, inquietas, necesarias. Se perdieron
la fallida frase de que todo estará bien, el rezo susurrado y el
repaso de la tan pronunciada línea de recuerdos. Abuelos que
se quedaron sin el resignado abrazo del momento final.

¡AY, ABUELO!, decidiste morir en un momento en el que no
se podía salir del país a menos que fuera necesario o urgente. Y
hay muertes que para el gobierno nunca han sido ni la una ni
la otra. Mucho menos para el gobierno *gabacho* que, con o sin
Coronavirus, prohibió a tus hijos desde hace años ir a verte.

Pero no te preocupes, abuelo, tus hijos ya venían prepa-
rándose para estar ausentes en tu funeral. Ya sabes, los que no
pueden ir. Hablaban todos los días para aliviarse de las culpas y
remordimientos. Intercambiaban anécdotas de lo que vivieron
contigo. Se refugiaban en el Dios que les enseñaste. Panchito,
como le decías a mi papá, repetía constantemente en su celular
tus videos en el rancho o cuando estuviste acá en el norte, con
él. Te hacía *zoom* en el rostro, repetía tus frases, cantaba tus
canciones. Cada vez que pasaba por algún lugar donde estuvie-

ron juntos, te nombraba. Se iba a propósito por la terminal de Tornado para decir, mira... ahí dejé a tu abuelo la última vez.

Pobre Pancho, era el más indeciso y atormentado. Me preguntó muchas veces qué tenía que hacer. No sabía qué decirle. No quería cargar con la pesada culpa de su arrepentimiento. Vivir de cerca su situación me ha hecho comprender sus dudas. Ahora, como él, paso viciosamente del vete al quédate y del deberías al no sé. Quedarse o irse toma el ritmo de un columpio que nunca se detiene.

Pero las muertes tienen el gran poder de sacudir las dudas, por lo menos por un rato. Y vaya que le hiciste pensar seriamente en el regreso. Es que a tu muerte se le sumaba la de la abuela. Eras lo último que le quedaba de su origen. Aunque después de todo, abuelo, tuviste mejor suerte que ella por morir ahora, en pleno año 2020. A la abuela no le tocó el programa social de viejitos que te ayudó a sacar la visa para venir al norte. Tampoco la era digital para hacer video llamadas, qué decir de los teléfonos inteligentes, mucho menos la señal de internet. La abuela murió con el recuerdo del último rostro que vio de sus hijos. No los conoció viejos, pelones, ni gordos. Tampoco a sus nuevos nietos, ni las casotas y trocas que compraron. No les escuchó siquiera la voz. Ella sí vivía de fantasías y memorias.

¡Ay, abuelo! ¡Yo que ya tenía la voluntad y el cuerpo ensayado para ir a tu funeral! Tal como lo hice con la abuela. Pasar migración con la garganta atorada y el corazón frustrado por los que no pueden ir. Había trabajado la culpa por ser la *legal*. Vas a decir que estoy loca, pero me había aprendido los abrazos de Pancho. Los memoricé como esos actores que se aprenden los gestos ajenos. Ponía atención en el desliz de sus manos al sostener la espalda, sus ritmos y tiempos. Le tocaba las manos para saber cómo tocar las tuyas. Pobre ilusa de mí. Él tenía formas más concretas de llegar a ti. Te compraba la miel que tanto te gustaba para endulzar tus mañanas, las sandalias más calientitas para acariciar tus pies y te consiguió una cobija térmica para que nunca tuvieras frío. Esos eran sus abrazos.

Pero bueno, el Coronavirus nos quitó a todos los papeles de

un manotazo. A mí me obligó a improvisar un rol que no había tenido antes: el de quedarse acá, siendo hija y no embajadora de papá. Ahora estuve al lado de mi padre y no en lugar de él. Te pasaste, abuelo. Me hiciste correr a casa de Pancho a calmarlo cuando recibió la noticia de tu partida en WhatsApp, "el mensaje", como dijimos para evitar pronunciar tu muerte. Yo que estuve calculando tanto y ni así pude atinar y llegar antes donde Pancho. Me ganaste.

Debo confesarte que, al principio, no supe bien qué hacer. No había ensayado la escena de consolar a tu hijo. Nunca antes lo había visto llorar. Representarlo me evitó ver sus sufrimientos cuando se quedaba. Además, soy la hija del reencuentro, no nos conocemos bien de adultos, ya sabes, traumas de migración. La sangre no borra la ausencia. No te quiero atormentar, pero al llegar a su casa se me arrojó a los brazos cual chiquillo. Se acurrucó y sollozó en un hombro que le quedó chico. Le sentí el sufrir en el pecho.

No le digas que te dije, pero siente mucha culpa por no haber compartido más vida contigo. Se siente mal hijo por no tomar la decisión arrebatada de acompañarte en tu funeral. Lo sé porque me hablaba todos los días para decírmelo. No lo tomes a mal, pero los tíos se la pasaron presionándolo para que fuera a despedirse de ti. Claro, los que tienen papeles; para ellos la cosa era más fácil, no los pusiste a decidir entre despedirse de ti o volver a separarse de su familia. No los regañes, abuelo, ellos no podían ver las noches de insomnio de Pancho, la medicación exagerada para sus dolores de cabeza y las volteretas en la cama en las madrugadas.

Imagínate que un día dijo que, si tú le hablabas y le pedías que fuera, lo haría, pero tú ni el teléfono sabías usar. A Pancho le conviene mentirse de vez en cuando. Entiéndelo.

La tarde que moriste, Pancho me pidió que le ayudara a rezarte. Ves que ustedes son bien religiosos. No podía decirle que no y empecé a repetir lo que me acordaba, tratando de disimular que no sé dirigir una plegaria, mucho menos un rosario. No me regañes. Igual Pancho me seguía la corriente. Debo confesar que estaba a punto de darme un ataque de risa por no saber algo que había repetido tanto en mi infancia y en varios funerales. Seguro la risa venía a sustituir el llanto frustrado. Porque eso sí, abuelo, me porté como roble, me aguanté el llanto todo lo que pude. No podía haber dos rotos en la misma sala.

Tras el rosario improvisado, Pancho se fue a la cama como sonámbulo y se puso sus audífonos rosas para escuchar una misa de difuntos en YouTube. Bastaba decir que mi rosario no fue suficiente. Le observé de reojo a través de la puerta entreabierta. Despacito y con pasos de reversa, me fui al cuarto que se me había asignado para dormir, avanzaba sin perder a Pancho de vista y hasta dejar que su imagen desapareciera a través de su panza. Me derrumbé en una cama de peluches mal hecha y comencé a llorar sin parar. Tu muerte, la tristeza de Pancho, el Coronavirus y el entierro a la mañana siguiente.

Gracias a ti, Pancho despertó con un poco de entusiasmo. Te había soñado en medio de una pelea que los dos ganaron. Hasta ganas de desayunar le dieron. Tomamos café con una pizca de ojos que no ven, corazón que no siente. Después de todo, no nos tocó la velada de cuerpo presente. Pancho me pidió una vez más que rezara el rosario, y casi me da ese ataque de risa que traía atorado en la garganta, pero se apagó con la idea de que me iba a ir al infierno por tener sentido del humor ante un panorama así.

Empecé el Santísimo Rosario de los Difuntos, ahora con más enjundia, siguiendo una sugerencia que había encontrado en Google. ¡Imagínate que hasta cantos interactivos hay! La cosa mejoró cuando tu hijo menor, que tampoco podía ir, se unió a mi rezo a través de una video llamada. Se escuchaban las letanías casi sin interferencia. Ahí tenías a tus hijos orando por ti. Y a mí para que nadie descubriera mi ignorancia religiosa. Debo confesar que agregué un par de estrofas a la palabra de Dios, perdoné a los hijos que estaban lejos y les di consuelo por su ausencia. Ya sé, podría irme al infierno, pero es que dirigir un rosario ofrece un poder extraño que es difícil rechazar. Además, funcionó porque bajaron la cabeza y abrieron los ojos cuando escucharon la causa y el perdón. Diosito va a entender.

Aquello duró alrededor de veinte minutos hasta que nos interrumpió el mensaje de una de las primas. Nos preguntaba si queríamos unirnos a una video llamada grupal que transmitía tu entierro en vivo. ¡En vivo! ¡Tu muerte en vivo!

Sin pensarlo y sin preguntarle a papá, acepté el *switcheo*. Él no puso objeción. Había cuatro imágenes en pantalla: la papada de Pancho, el rosario en mano de tu hijo menor, la frente de la prima y el entierro en vivo. En la vida me habría imaginado aquella escena en la sala de Pancho. Todos estábamos con los ojos fijos en la caja que flotaba en el recorrido hacia el panteón; ahí ibas tú, abuelo. En silencio rogábamos que no se perdiera la señal. Estábamos dispuestos a ver hasta el final. Los cantos y cuetes se escuchaban de fondo. Sin emoción identificábamos a algunos familiares y amigos. Tu amigo Tane no se despegó de tu caja, te lo juro.

Pancho no parpadeaba y se reacomodaba en el sillón sin dejar de ver el teléfono. Su perra le jugueteaba entre las piernas y él la aventaba con la mano. El tío menor lidiaba con su hijo en brazos y el rosario enredado. La prima batallaba con el volumen de las tabletas con las que entretuvo a sus hijos. Yo nomás estaba ahí pegadita y pendiente de las reacciones del cuerpo de Pancho.

De alguna manera, todos andábamos contigo.

Todo pasó muy rápido. De golpe ya estaban bajando tu féretro de los hombros de los cuatro hombres que te venían cargando, dos de tus hijos mayores entre ellos.

Acomodaron tu caja en un altar para darte la última despedida, tirarte agua bendita y celebrar la misa. Abrieron por última vez el visor para la familia. Para ese momento, Pancho tenía los dedos de las manos apretadas y los ojos llorosos. Encorvaba su espalda cada vez que la cámara se acercaba y agachaba la cabeza como queriendo no ver. Salivaba y rascaba sus pies en el piso de la alfombra.

La cámara nos llevó alrededor del altar, luego alrededor de la caja, para terminar en un *close-up* de tu rostro, abuelo. Yo no te quería ver así. A las personas se les recuerda sonriendo. Cerré los ojos al principio, pero de a poco los fui abriendo. Pedía en silencio que no se congelara la imagen ahí. Pancho comenzó a llorar y a negar con la cabeza lo que estaba viendo. No eras tú, era la agonía de tus últimos días. La cámara se quedó pasmada. Yo quería cortar la llamada, pero no me dejó. Se quedó fijo en ti y apretó los puños. Se acercó a la pantalla del teléfono y te acarició. Se estaba despidiendo. Apareció en pantalla que la batería estaba por acabarse, que el teléfono se apagaría pronto.

Perdón, abuelo, pero sentí alivio de que se cortara la llamada. Necesitaba respirar un poco, mover el cuerpo y *desdigitalizar* el momento. Era la video llamada más extraña que he tenido en mi vida. Pero el gusto me duró poco. Al minuto ya me estaban llamando a mi celular, era mi hermano enlazándonos de nuevo. Pancho, que no se había movido, no dudó ni un segundo en retomar la transmisión y de inmediato agregó a la prima y al tío menor en una suerte de complicidad.

Había comenzado el entierro. Te estaban llevando a tu tumba. Las tías comenzaron a soltar sus lamentos. El movimiento de la cámara estaba en primer plano. Todos estábamos ahí. Observaba de reojo el rostro de Pancho, inmóvil. Tu hijo chiquillo estaba sollozando, la prima con la mano cubriendo medio rostro. Apreté la rodilla de Pancho y me quedé a un lado espiándolo a través del reflejo de la pantalla. Su cuerpo comenzaba a descomponerse y a encorvarse de nuevo.

Cuando te metieron a la tierra, todos perdimos compostura, y el llanto comenzó casi al unísono. Pancho dejó caer su cabeza sobre mi hombro. Le sostuve la espalda con mis manos. Se encorvó como si quisiera hacerse chiquito. El tío menor lloraba con más timidez. De la prima se veía solamente la frente. Yo sobaba la cabeza de Pancho sin dejar de moquear. Estabas adentro, abuelo. Pancho le pidió a su único hijo, en México, que tirara un puño de tierra por él y que te pusiera una flor encima. Tras ese puño vinieron los demás. Quedaste enterrado en cuestión de minutos gracias a la habilidad del trabajador del panteón que se puso en primer plano en pantalla. Colocaron tus flores casi con un efecto *fast motion*.

Tu hijo hizo un último acercamiento a tu epitafio en la tumba, éste nos decía que ahora estabas descansando en paz, fue la imagen perfecta para las historias de tus nietos en Facebook. Lentamente la cámara que nos permitía ver tu tumba se fue alejando. Nuestra batería indicaba que el teléfono estaba a punto de apagarse. Nuestro encuentro estaba determinado por el 1 % de batería.

La tumba, mirada a lo lejos, desapareció y nos dejó suspendidos en una pantalla en negro.

Unidos en el sacrificio

Mariana Suárez

Mi historia se trata de Casa Marianella, una organización que se encuentra en Austin, Texas. Sus miembros se han dedicado a ayudar a los inmigrantes que recién llegan a los Estados Unidos. Les ofrecen alojamiento y servicios legales, y además los ayudan a encontrar empleo. El trabajo que hacen es muy importante y necesario. Aunque cambiamos de presidente en 2020, los inmigrantes siguen sufriendo debido al descuido del gobierno estadounidense y de los países latinoamericanos. Sin embargo, la existencia y el trabajo de organizaciones similares a Casa nos recuerdan que todos merecemos la oportunidad de buscar un futuro mejor sin importar nuestro estatus migratorio, raza, etnia o religión.

LA POLÍTICA de los Estados Unidos ha cambiado drásticamente en los últimos años. Con la llegada de una administración conservadora, se vio el crecimiento de una política negativa respecto a la migración y los migrantes. Con la construcción de un muro entre los Estados Unidos y México, la posibilidad de un avance en la política migratoria entre estos países se ha hecho un poco más inalcanzable. Sin embargo, existen recursos en los Estados Unidos para los individuos que sí logran entrar al país. En Austin, hay varias organizaciones que se encargan de ayudar a los migrantes. Los individuos que coordinan estos servicios son quienes nos recuerdan la importancia de reconocer nuestros privilegios y de usarlos para ayudar a los demás.

La comunidad de Austin tiene una variedad de organizaciones que se dedican a ayudar a los migrantes. Yo tuve la oportunidad de ir a una de ellas. Este albergue, que se fundó en 1986, se llama Casa Marianella y se abrió como respuesta a la crisis migratoria de los años 80 en Centroamérica. La organización Austin Interfaith Task Force for Central American Refugees abrió las puertas de la ciudad a los miles de individuos que huían de los peligros de sus países.

"Marianella" se deriva del nombre de la abogada salvadoreña de derechos humanos, Marianella García Villas, quien tuvo un rol crucial después del golpe de estado en El Salvador en el año 1979, documentando los abusos que sufrían los ciudadanos a manos del gobierno militar. Ella presentó sus hallazgos a las Naciones Unidas, y como resultado fue asesinada por el gobierno salvadoreño. Su trabajo dejó un impacto perdurable en los derechos humanos y está reflejado en el proyecto que lleva su nombre. En esta casa colorida que se encuentra en un vecindario muy callado, se mezclan las culturas. Aquí llega gente de alrededor del mundo y es recibida con los brazos abiertos, sin importar su estatus migratorio. Cuando entré, la casa olía a comida recién cocida, algunos de los residentes estaban a cargo de arreglarla y en la tele estaba pasando una telenovela. Me recordaba a un sábado típico en mi casa. Mientras estaba ahí, me tocó ver las interacciones de los residentes y cómo ellos se enseñan sus lenguas y costumbres. Una mujer de Senegal estaba aprendiendo español de un señor guatemalteco. Me quedé impactada por la unidad que existe entre estos individuos y el optimismo que logran mantener. La coordinadora nos dio un *tour*, y aprendí que Casa Marianella, gracias a donaciones, ha podido comprar varias propiedades en Austin. En Casa Marianella se hospedan los adultos solteros. El día que fui, acababan de vaciar una de sus recámaras, pero normalmente hay entre ocho a diez personas en cada recámara. También tienen unas propiedades conocidas como Posada, donde llegan las mamás solteras y sus hijos. Es increíble ver todos los recursos disponibles para los residentes.

Cuando visité por primera vez, la coordinadora nos empezó a platicar sobre la importancia que ellos le dan a la autosuficiencia de sus residentes. Idealmente, hacen lo que pueden para que tengan la posibilidad de irse de la casa con trabajo y vivienda. Tienen abogados de inmigración que vienen a asistir a los residentes en sus casos, y también tienen voluntarios que les enseñan tres diferentes niveles de inglés. Además, los coordinadores de los albergues buscan trabajos en el área y recopilan una lista de empleos para que todos los residentes de Casa puedan ver si les interesa algún puesto. No pude creer que después de haber vivido en Austin dos años, nunca me había enterado de todos los recursos que hay en la ciudad. Son las organizaciones como éstas las que me han dado esperanza, no solamente en nuestra humanidad, sino también en que un día haya una reforma comprensiva de la ley de migración.

Además de este albergue, hay una organización que se llama Multicultural Refugee Coalition, cuyo objetivo es proporcionar a los refugiados de la comunidad oportunidades de empleo. Ellos hacen esto de tres maneras. Tienen un programa con el que se asocian con negocios privados, y luego entrenan y emplean a refugiados en la costura. También tienen un programa de servicios de lenguas, en el que entrenan a individuos como intérpretes profesionales. El tercer programa se dedica a la agricultura. Con varios jardines vecinales alrededor de Austin, ellos entrenan a los refugiados en las prácticas sustentables, que luego usan para hacer su propia agricultura y vender sus productos en mercados locales. Con tanta versatilidad en las oportunidades que hay, los residentes de Austin han podido establecer una red social que ha unido a la comunidad de refugiados y, al mismo tiempo, integra a estos individuos a la comunidad de Austin.

El Departamento de Homeland Security reportó que, en el año 2018, 22 mil quinientos refugiados habían sido admitidos y dos mil quinientos de estos individuos se habían asentado en Texas (Krogstad 2019). La mayoría de los refugiados que llegaron ese mismo año venían de la República del Congo y de Birmania. En Texas, la mayoría de los refugiados habían llegado de países de África y del Medio Oriente. Aunque muchos creen que los que piden asilo en la frontera son mexicanos, la mayoría de esos migrantes se han embarcado en un viaje muy largo desde países como Guatemala, Honduras y Somalia. Estos migrantes deciden dejar todo y arriesgar mucho por escapar de la violencia y la pobreza en sus países de origen. Este viaje no es nada seguro ni barato. Los que tienen que atravesar varios países se enfrentan a una multitud de peligros que empeoran cuando por fin logran llegar a México. Estos migrantes constituyen un gran porcentaje de las víctimas de los narcotraficantes (Versa 2019).

Sin ciudadanía mexicana ni conocidos en México, los *narcos* ven a los migrantes como un grupo muy vulnerable a quienes pueden extorsionar. Los *narcos* conocen muy bien el camino que toman los migrantes y siempre tienen grupos listos para detenerlos. Les exigen que les den un número de teléfono para amenazar a los familiares o que les manden una cierta cantidad de dinero a cambio de la vida de sus seres queridos. Pero la razón por la que estos individuos están donde están es, específicamente, por su falta de recursos, entonces se enfrentan con una realidad muy cruel. Además de esta extorsión, a veces se les fuerza a convertirse en los que hacen el trabajo sucio de los *narcos*. En el peor de los casos, los que no caen bajo ninguna de esas dos opciones terminan en una fosa común, y sus familiares y amigos se quedan pensando en qué pudo haber sido de ellos.

Con los cambios que ha habido en 2019 en el proceso de pedir asilo en la frontera, más y más migrantes corren el riesgo de convertirse en otra estadística. Normalmente quienes buscan asilo tienen la oportunidad de presentar su caso frente a un juez u oficial del estado. Aquí ellos tienen la oportunidad de considerar los riesgos a los que se enfrentarían si fueran a regresarse a sus países de origen. Mientras esperan la fecha para poder hacer esto, tienen la oportunidad de pasar este tiempo en los Estados Unidos. Pero recientemente, los presidentes Donald Trump y Andrés Manuel López Obrador llegaron a un acuerdo en el que estas personas ahora deben quedarse en México hasta que reciban su fecha de audiencia.[1] Ya que hay miles de casos de asilo pendientes que se han acumulado, no se sabe cuánto tiempo tendrán que esperar en ese país. El gobierno mexicano no ha dado ninguna indicación de que vaya a implementar reglamentos dirigidos para la protección de estos migrantes.

Estos individuos están en un limbo, y su futuro es incierto. Muchos de los países que están en medio de una completa inestabilidad política y económica todavía están viviendo los efectos de la intervención estadounidense de los años 70. Si la política exterior de los Estados Unidos es responsable de las condiciones que se ven ahora alrededor de Latinoamérica, ¿por qué no se han hecho responsables de la crisis de migrantes que han creado? Estas personas son seres humanos como tú y yo, y como nuestras familias y nuestros amigos. Todos nacemos con los mismos derechos y merecemos el mismo trato bajo la ley, sin importar nuestro género, status económico o país de origen. Aunque estas condiciones migratorias no van a cambiar de un día a otro, organizaciones como las que se encuentran en Austin nos recuerdan que cuando nos unimos, somos capaces de efectuar un cambio.

---

1. Esta situación empeoró con la pandemia del Covid-19 y el decreto de la Ley 42, por la que no se dejó entrar a los migrantes con el pretexto de que serían fuente de contagio. La justificación para emitir esta ley no fue letigimada por el Centro para el Control y Prevention de enfermedades (CDC, por su siglas en inglés). En mayo del 2022, la administración de Biden anunció el término de esta ley que ha violado los derechos humanos y la suscripción de los EE. UU. a la declaración de estos derechos en la ONU. Nota de la editora.

Bibliografía

Casa Marianella. https://www.casamarianella.org.

Interfaith Task Force. https://interfaithtexas.org.

Krogstad, Jens Manuel. 2019. "Key Facts about Refugees to the U.S." Pew Research Center, Pew Research Center, October 7. www.pewresearch.org/fact-tank/2019/10/07/key-facts-about -refugees-to-the-u-s.

Multicultural Refugee Coalition. https://www.mrcaustin.org.

Versa, María. 2019. "'Somos una mina de oro para el crimen': Los migrantes devueltos por EEUU a México, carne de cañón para los carteles." *Univisión Noticias*, 18 de noviembre. https:// www.univision.com/noticias/inmigracion/somos-una-mina -de-oro-para-el-crimen-los-migrantes-devueltos-por-eeuu-a -mexico-carne-de-canon-para-los-carteles.

El cuerpo y los trabajos presenciales

Nightcap

Mary Stycos

El mundo de los restaurantes tiene la tendencia de capturar a sus trabajadores. Tiene algo que les engancha a pesar del horario, del impacto en sus cuerpos, de la falta de seguro médico y, sobre todo, de lo cansado que es servir al público todos los días. Se dice que todos deberían pasar una noche trabajando en un restaurante, que así la gente aprendería a comportarse —y a dar propina—. Esta historia narra una noche en la vida de una bartender, una noche cualquiera. Nos demuestra no solo las complejidades de trabajar en un bar, sino también cómo un bar es un microcosmos de los retos a los que todos nos enfrentamos como sociedad.

¿CÓMO ME FUE?... Pues ya sabes cómo es. Cada noche es muy parecida, pero al mismo tiempo muy distinta... y siempre hay algo, ¿sabes? Si no fallaron las impresoras, es que se agotaron los *dollar oysters* después de veinte minutos, o que se te olvidó poner *sauce on the side* para la Karen más exigente, o que nadie puso los barriles en el refri, así que sale pura espuma de las llaves. Pero hoy no me puedo quejar. Hicimos una buena lana y mínimo cuando abrí, vi que habían dejado todo súper limpio y ordenado anoche. Por fin, ya sé. Y tampoco salimos tan tarde... ¿Qué hora es? Sí, apenas las 3:30 de la mañana. No está nada mal. Al final de cuentas, no me fue nada mal. Me duelen los pies.

Como ya sabes, hoy hubo partido: Celtics contra Lakers a las siete y cuarto. Un clásico, sí. ¡Amo los Celtics! Ojalá Evan me hubiera regalado boletos para la segunda fila. ¿Te acuerdas de esa vez? No sabía y llegué buscando mi asiento y todos los *ushers* mandándome más y más abajo. ¡*Wow*, qué locura! Te juro que en ese momento perdoné todos los tragos tan tediosos que siempre me pide para él y sus cinco *amigos* cuando ando en friega. Pero bueno, mi boleto será para la próxima vez.

Mis primeros clientes fueron *those guys*. No, no los conocía, pero ya conoces su tipo: un güey de Converse que se creía mucho porque su jefe le había regalado dos boletos. Pero obvio, no fueron *regalados*, porque eso es demasiado generoso. Su jefe tampoco es filántropo. Me imagino que pasó lo que siempre pasa... ¡exacto!, la esposa. Puedo imaginar que ella se enojó cuando le mencionó que quería ir... ¿Cómo iba a ir a un partido de básquet cuando ella llevaba toda la semana de *February break* en la casa solita con los tres chamacos? Sabes que ella le sonreía mientras cenaban todos en la mesa, los niños con sus caras en sus celulares, solo levantándolas cuando sus papás pedían que acabaran su brócoli. Le sonreía y le decía: "pero qué lindo sería verlo en la tele con tus hijos que tanto te extrañan aquí en la casa...".

Entonces le *regaló* los boletos. Probablemente fue la primera vez que hizo algo así, y el güey encantado de la vida. Como si de repente el jefe apreciara sus sesenta horas a la semana, la comunicación estrictamente por Slack para no *molestarle* los triple venti soya no sé qué madres que le lleva cada día a las cuatro y media de la tarde, y los "ya salió hace una hora... sí, me imagino que el tráfico está brutal". Pinches trabajos de oficina... y nos menosprecian a nosotros después de que les tratan de mierda todo el día... qué lindo *trickle down*. Pero bueno. Resulta que el güey invitó a su mejor amigo de la infancia, que apenas entró al sindicato de construcción. Claro, es un muy buen trabajo, pero tiene que ser una putiza al principio. Supongo que igual que a su amigo en Converse le tratan como esclavo, pero el *bullying* está mucho más lleno de "retrasado, niña, marica y puto". Pobrecito.

Ellos entraron como niños a una tienda de dulces. Eran las 5 en punto... ya sabes cuánto odio a la gente que está allí con sus narices contra el vidrio esperando a que abramos. Como si no tuvieran nada que hacer con sus vidas. ¡Ugh! Me caga. Porque cuando entran les tengo que sonreír, aunque todavía me falta pasar un trapo por el mármol de la barra que siempre se ve tan manchado, poner todo el hielo y ni sé cuáles son los quesos del día. Tú también odias recordar los quesos, ¿verdad? Sí, dices los nombres y los clientes asienten y sonríen como si supieran la diferencia entre Midnight Moon y Tarentaise... que no me chinguen. La mayoría de las veces invento nombres y ni-una-sola-vez me han dicho que lo que está en el plato no es Humboldt Fog sino Stilton. Y esa pregunta de la pasteurización... si no es una mujer —que podría estar embarazada— digo que sí. Estoy divagando... bien.

Entonces güey número Uno, feliz como una lombriz por haber salido justo después de entregar el triple venti soya no sé qué madres, y güey número Dos sonriendo como si su mamá le hubiera dado una hora extra de *curfew*. Casi me dio ternura, ¿sabes? Sus credenciales cayéndose de la bolsa, orgullosos de mostrar que sí tenían más de 21 años, aunque no se notaba. El Uno con traje y una gorra de los Celtics demasiado rígida para ser de un fanático verdadero... Yo sé, y además un *look* tan mamón... y el Dos, recién bañado con gel suficiente para barnizar una mesa y con su playera de Larry Bird. Por lo menos él sí se lo sabía. Se sentaron en la esquina de la barra solos, porque como mencioné, llegaron a una hora de mal gusto. ¿Y adivina qué le preguntó el Uno al Dos, en una voz que consideró normal o hasta baja?: "¡Bingo! You think the bartender will be hot?".

Tan predecibles como caricaturas de sí mismos.

En ese momento yo metía un chingo de Bud Lites en la nevera en vez del Sauvignon Blanc, un mejor uso del espacio antes de un partido... Gracias, amor, también me pareció muy iluminado de mi parte. "Sí lo es, ya verán", les dije cuando me paré, pero con una sonrisa intencionalmente muy grande, porque luego en Yelp me acusan de ser un *total man-hater*... Exacto, Yelp es la peor cosa que nos ha pasado, de acuerdo. Un lugar creado para la gente que tiene broncas fáciles de resolver, pero que prefiere quejarse por internet en la privacidad de su propia casa. ¡Cobardes! Casi todas sus quejas pueden ser reducidas a "Mis expectativas no vocalizadas no fueron cumplidas y la falta de capacidades telepáticas de la *bartender* me defraudó demasiado". Unos mal cogidos todos, de verdad, qué nivel de privilegio. Y créeme, es aun peor siendo mujer, no te imaginas la doble moral.

Con mi broma de repente se les cayó la cara, se rieron nerviosamente y buscaron los celulares como refugio. Rezaron por un apagón, huracán o el primer tsunami en la historia de Boston.

Por supuesto tuve que hacerles sentir bien; es mi trabajo hacerlo. Me reí, me incliné sobre la barra y hablé su idioma: "Ya ready to see the C's crush those Laker chumps?". Se relajaron un poco. Tampoco fui tan ruda. Y como sabes, no era la primera vez que escuché algo sexista, y no será la última. Su vergüenza fue suficiente para mí. Por lo menos no me preguntaron por qué las venas de mis manos y brazos están tan marcadas: "no sé, idiotas, tal vez por cargar barriles de cerveza y cajas de limones y botes de hielo desde el sótano, mil veces al día, para que los clientes puedan tomar sus pinches tragos a gusto", les habría respondido; o si mis pantalones son *space pants* "¿cómo?", porque *my ass is out of this world* (silencio); o por qué no vengo al trabajo con maquillaje: "perdón, asumo que estoy en un lugar profesional donde me pagan por mi tra-ba-jo, no mi apariencia física"; o por qué no enseño más mis chichis: "para empezar, qué grosera pregunta... pero es la misma respuesta que la anterior, y además no las tengo para enseñar, gracias por recordármelo"; o por qué mis *shorts* son largos y negros y no cortos y blancos como las meseras... ¿soy lesbiana?: "mi orientación sexual tampoco es su asunto, pero dime si les gustaría ser la única mujer con siete hombres en un espacio muy estrecho donde tienen que agacharse constantemente para lavar vasos, sacar botellas de cerveza y vino, buscar más servilletas, encontrar lapiceros que los borrachos han tirado en su peda, servir y recoger platos que tienen salsa de búfalo anaranjada y fosforescente y montones de cátsup que les podrían caer en cualquier momento sobre esos shorts cor-tos-y- blan-cos"; o por cuánto tiempo más pienso que puedo seguir siendo *bartender*, porque sé que como mujer tengo una *fecha de caducidad*, ¿verdad?: "*Wow*".

¡Qué tal!, ¿no? ¿En qué mundo trabajamos? Y como dices, mis je-fes-y-je-fas me han dicho y preguntado cosas mucho más extrañas que esas estupideces de Uno y Dos. Me gustaría decir que no me ha afectado, que lo he tomado con un granito de sal... pero esas cosas son pegajosas. Se quedan en el rincón más remoto de tu conciencia y pasan la mayor parte del tiempo desapercibidas y olvidadas. Pero un día te das cuenta cuánto pides disculpas, cuánto buscas afirmación, cuánto dejas de expresar tus opiniones y cuántos éxitos le atribuyes a tu buena suerte.

Si tuviera el tiempo y los huevos, te lo juro que me hubiera encantado preguntarles si también esperan que sus dentistas, cajeros de supermercado, ingenieros, conductores de metro, mecánicos, peluqueros, plomeros, arquitectos, bomberos, astronautas, caseros, sacerdotes, políticos, campesinos, taxistas, pilotos, urólogos y abuelos sean *hot*. ¿Por qué yo tengo que representar lo *hot* en sus vidas? Como si fuera un pedazo de carne. Obvio, no me quise meter en eso con ellos... es como mencionar el activismo de Colin Kaepernick durante el Monday Night Football: adiós propinas. Pero me imagino que no tenían idea de que hay más demandas de acoso sexual en el sector de hospitalidad que en cualquier otro sector laboral, donde el 90 % de las mujeres han sido víctimas de él. Es bastante fuerte y medio deprimente.

Y tú ya sabes... lo siento, sé que hemos hablado de esto ya muchas veces... que los gerentes son hombres, y esa diferencia de poder ha creado un ambiente en el que el acoso no es solo abundante sino tolerado, ignorado y completamente normalizado. Lo triste es que estoy más que acostumbrada a ese tipo de comentario tan *bro* y lleno de masculinidad tóxica. Pero tal vez no es su culpa. Tal vez Uno y Dos, como la mayoría de los hombres, han sido adoctrinados desde que les vestían solo de azul y les daban G.I. Joes —mientras les quitaban las Barbies— y, obvio, la sociedad les ha mostrado que la violencia es indicador del poder y justifica sus agresiones con *boys will be boys*. Amor, ¿tú seguro no eres producto de eso...? Debió haber sido muy confuso, porque al mismo tiempo se les castigaba por llorar o mostrar angustia, dolor, miedo, estrés, ansiedad, tristeza o cualquier otra *debilidad o emoción femenina*. En mi caso por lo menos, todo el mundo espera que llore.

¡Yaaaaa!, yo sé. Empecé con mi catarsis. Pero te juro que simplemente tuve ganas de abrazarlos a los dos, de darles un buen vaso de whiskey —obvio, primero hubiera tenido que convencerles de que sí era capaz de escoger uno, aun siendo mujer—, y sentarme con ellos para intercambiar ideas de cómo se podría redefinir lo que significa *ser hombre*. De hecho, es algo que de repente quiero hacer con todos mis amigos de la prepa. Pero tú los conoces; a los cinco minutos me estarían acusando de ser elitista —porque claro, todos de la alta sociedad creen en la equidad de género— y de haber olvidado mis raíces. Es complicado. Tal vez debo empezar a escribir en las servilletas de cóctel o hasta en las cuentas esa cita perfecta y sumamente adecuada de Chimamanda Ngozi Adichie, autora del increíble libro *Americanah* —qué pena que nosotros los *bartenders* no leemos, ¿no?—: "By far the worst thing we do to males—by making them feel they have to be hard—is that we leave them with very fragile egos".

¡Noooo!, corazón, tú no. Jamás diría que tienes un ego frágil, mi vida. ¿Cómo crees?

Necesito regresar a Uno y Dos. Para entonces ya éramos mejores amigos. *Shit-talking* los Lakers y sus fans, porque habían llegado un par de pendejos con playeras de Kobe (¡guácala!). Les admití que aún no sabía cuáles eran los especiales y por suerte no me preguntaron de los quesos. Después de darles dos Cupid's Arrows y su agua con *light ice*, les di los menús y fui a la cocina.

Me dio risa al entrar porque Uno, con sus uñas limadas y las manos sin un solo callo, apenas me había dicho que había considerado ir a la escuela de gastronomía porque le gusta mucho cocinar. Le dije que aún debe considerarlo, porque las horas son buenas y el pago todavía mejor. Y como tú sabes muy bien, es un sueño trabajar en la cocina.

Le dije que en todos los lugares donde he trabajado, siempre huele a galletas recién horneadas. Que los cocineros están todos bien vestidos en sus uniformes blancos y planchados. Y oooobvio, le conté que todos llevan gorro de chef y que cada uno juega en su espacio asignado con lo que ama: la comida. Como cocinero, le decía, todos los días tendría la oportunidad y el placer —porque sobre todo es placer, amor— de experimentar con nuevos ingredientes, especias y recetas, colaborando con el chef —lo describí como un señor blanco y flaco, de lentes, humilde y que apenas se escucha por su voz tan suave y calmada... Yo sé, muy precisa mi descripción— para transmitir su propio amor por la comida en cada plato que sale. Terminé contándole que siempre hay una sensación de urgencia y caos organizado, pero más que nada hay profesionalismo y propósito. Y dejé hasta el final el *plato fuerte*: la música clásica de fondo.

Le dije que es como vivir un episodio de *Chef's Table* todas las noches.

Sé que soy mala, amor.

Hoy al entrar a la cocina se sentía una humedad fatal y, como siempre, el aire estancado. Llevaba los olores de cebolla, pescado, ajo, sudor, cloro y basura a la vez. ¿Cómo que sabes?... Ay, cállate, amor. Pero tienes razón, nuestra ropa nunca se recuperará. Por más que la lavo y aunque le echo una botella entera de Suavitel y la pongo afuera para que se seque al aire libre, en cuanto entramos a un vagón del metro atascado a las 4 de la tarde camino al trabajo, no hay cómo no darnos cuenta de que nunca nunca nunca le vamos a quitar ese olor. Es el olor de las lágrimas por pelar ochenta cebollas, del aceite quemado por freír cuatrocientas órdenes de papas, del agua con vinagre para los dos huevos escalfados con un puño de arúgula de 19 dólares que tus *amiguitas* las rubias piden cada domingo con sus mimosas. Así las llamas *tú*, corazón. Yo jamás usaría esa palabra tan desdeñosa, aunque odio sus botas Ugg en mero verano, sus *leggings* de Lululemon aunque no hacen ejercicio, sus chaquetas de camuflaje que representan nuestro ejército metiche y sus *pumpkin spice lattes* que *siempre* llevan consigo al *brunch* —lo cual me obliga a decir: "I'm so so sorry to ask you ladies to do this [again], but would you please mind getting rid of those before you sit at the bar?"—. Ni me pongas esa cara. Sabes que me cagan. A ti te dan buenas propinas, pero a mí solo esas caras de "donde vamos siempre nos regalan una ronda" y "¿sabes quiénes son nuestros papás?".

Okay, okay. Mejor volvemos al tema de los olores.

Lo peor de todo son los Brussels sprouts horneados. ¿Por qué de repente se pusieron muy de moda?... Cómo chingados extraño los días de las *kale salads* con granada, eran mucho menos apestosas.

Tuve que parar mi descripción allí con Uno y Dos. Porque tú sabes cuánto me encantan mis muchachos de la cocina. Los adoro. Y no pude traicionarlos ni estigmatizarlos más de lo que ya se hace. No quise contarles a Uno y Dos que sus queridos *chefs* son unos exconvictos con problemas de heroína y coca, que trabajan en espacios claustrofóbicos en varios estados de ánimo y niveles de sobriedad... De acuerdo, es una locura, pero tampoco la vida les ha tratado bien. Además, ¿qué les sugieres? ¿En donde más van a conseguir trabajo? El sistema básicamente los ha marcado con el sello de *criminal* en la frente, sin darles ninguna ayuda para adaptarse y reintegrarse después de haber estado tras las rejas. Así que no es sorprendente escuchar que el sector de restaurantes tiene la tasa más alta de abuso de sustancias. Y que son comunes la depresión, la ansiedad y los desórdenes alimenticios. Pobrecitos, los ocultan con horas extras y adrenalina, pero los mismos elementos que definen su trabajo, el alcohol y la comida, les ahogan cada vez más. Es como si la grapadora y fotocopiadora de Uno alimentaran sus demonios. Y ese güey tenía demonios, mencionó la Amex Black de su jefe como cinco veces. ¿Te puedes imaginar presumiendo la tarjeta de crédito de tu jefe? Está cañón.

Esta noche los cocineros no lograron poner la mitad del espagueti en el plato antes de lanzármelo con toda la salsa marinara cayendo por todos lados. Y si me atrevía a darles una mirada de "¿qué pedo?", empezaban su diatriba: "¿por qué no le dices a Nancy que me vale un pito el cumpleaños de su mamá y su *dressing on the side* y su alergia al gluten y que tiene prisa y quiere pan gratis?... Mejor que se vaya a la...". Y más tarde cuando regresé con la hamburguesa de Nancy porque no estaba *medium* sino *medium well*, me fui rápido porque honestamente, ya no quería ver esa hamburguesa y el plato volar por la cocina antes de pegarse contra la pared con un *crash* que toda la sala escucharía. Tanta agresión no es nada sano, y seguro no tenía nada que ver con Nancy y su hamburguesa.

Hoy, porque andaba pensando en el sueño de Uno, con ternura noté la diversidad de pañuelos que cubrían las cabezas de los cocineros y los uniformes que apretaban sus barrigas. Llevan meses de ser blancos, ahora están entre amarillo y café, con manchas que rastreaban los betabeles que pelaban y el café que tuvieron que tragar para mantener los ojos abiertos porque les tocó el infame *clopen*. ¡Imagínate explicar el *clopen* a Uno y Dos! Obvio no sabrían qué es, porque en ningún otro sector laboral te hacen *close* a las 4 de la mañana y luego *open* cinco horas después.

¡Eeesh! ¡Qué puto sueño trabajar en la cocina!

Pero en medio del caos está Moisés. ¡*Awwww*!, Moisés. Él es una luz. Solo una vez he logrado borrarle la sonrisa. Él es el *dishwasher* de Puebla que te decía que tiene la sonrisa más contagiosa y con menos dientes que conozco... Sí, amor, también me propuso matrimonio esa vez... ¡Por favooor!, era un asunto migratorio no más. ¡Qué celoso eres!... Bueno, a pesar de pararse allí setenta horas a la semana —y ¿quién sabe cuántos otros trabajos tiene?—, de tener las manos completamente blancas y como pasas por el jabón corrosivo y el agua que está para pelar pollos, de sacar la basura, de limpiar los baños tapados del vómito que luego saldría de los amigos de Uno y Dos —quienes decidieron celebrar *pre-game* aunque no iban al partido— y de ser el último en salir, siempre aguantando esa última cubeta llena de platos sucios de los clientes tan conscientes que piden comida cinco minutos antes de cerrar, siempre siempre sonríe. Y no importa lo que diga, no tiene 18 años; es un niño. ¿Te acuerdas del día que llegó buscando un trabajo? Me entregó sus papeles. Los vi y le pregunté, viendo su cara llena de ganas, listo para un salario de mierda y un horario de esclavo: "¿Me puedes explicar por qué tienes el mismo número de seguro social que yo?".

Ese día logré quitarle la sonrisa.

Sé que soy mala, amor.

El Dos es un *meat and potatoes guy*. Pidió el *steak frites well done*. ¡Qué falta de respeto!, ya sé. Pero en vez de decir *freet* lo pronunció *fright*. ¡Ja! Como miedo. No le corregí, lo cual me dio satisfacción. Y Uno, el culto de la pareja, justo había pedido el salmón *tartare* para la angustia de su amigo:

—¿Salmón crudo? ¿Tú comes pescado crudo? What the fuck is wrong with you?

—Guëy, solo pruébalo. Has comido ostiones, ¿verdad?

—No, jamás, parecen mocos. Neta guëy, ¡qué asco!

Yo esperaba como si estuviera en el cine. Dos amigos de una infancia compartida que tenían poco en común, pero que mantendrían hermandad y lealtad intocable hasta la muerte.

Por fin llegué a tomar su orden completa. Nachos para empezar. Nada de brócoli para Dos, extra papas, un *side* de *mac and cheese* y *ranch*. A ver si mañana encuentro un comentario en Yelp por no tener *ranch*. Uno, su salmón *tartare* y un *grain bowl* con tantas sustituciones que me dieron ganas de preguntarle por qué lo pidió. Y la reacción de Dos, un clásico: "You some kind of fag now?".

En el momento que puse su orden en la compu ya habían terminado sus Cupid's Arrows y les pregunté, con una sonrisa burlona, admito, si iban a querer otro. Es que no te dije, pero cuando les serví la primera ronda de cócteles de color rosa en vasos de Martini, me vieron con cara de horror. Sí, conociendo su *type*, casi los puse en otro vaso, algo más *masculino*, pero después de ese comentario de apertura, decidí que tenía que mantenerme fiel a mis principios. Pobrecitos. Los tomaban rápido, miraban constantemente sobre sus hombros por si alguna mujer los veía con *girl drinks*. No es mi culpa que no supieran el color del Aperol. Ahora jamás lo olvidarán.

Tony les llevó su comida y Uno le dijo: "¡Gracias, amigo!".
Tony, que ni habla español, respondió en inglés: "You're wel-
come, guy". A Uno lo tomó por sorpresa, quería presumir su
español de nivel básico que no había usado desde la prepa, pero
por alguna razón decidió probar hoy. De allí salió el comentario de Dos, quien aparentemente no había escuchado el
acento bostoniano de Tony: "Creo que los mexicanos nos están
robando trabajos. Entran ilegalmente y luego falsifican documentos para satisfacer a los patrones".

En ese momento me tuve que alejar de ellos. Había llegado
mucha gente ansiosa por comer y beber antes del partido y ya
no tenía tiempo para estar cotorreando. Y sabes, amor, tampoco
quería escuchar a dónde iba esa conversación. Apenas escuché
a Uno empezar con "Naaah, güey, ¿de dónde sacas eso? ¿Tu
boletín del NRA o la rueda de prensa de Belichick?". Tengo que
admitirlo, al final de cuentas, Uno y Dos no me cayeron mal y
su dinámica me entretenía. Hubiera sido divertido escucharlos
discutir un ratito, pero hoy no era el momento. Sabes que ando
bastante sensible con lo del *raid* que ICE nos hizo la semana
pasada. Es que estuvo intenso. Pobre Antonio, estaba en el refri
en el sótano casi una hora mientras los agentes me hacían preguntas en la barra. Maldita suerte que le dieron el número de
alguien discapacitado. ¿Cuál es la probabilidad de eso?

Hubiera sido chistoso decirles que Tony ni es mexicano (es
de Ecuador) ni migrante (nació en East Boston). De allí pudiera
haber mencionado que East Boston también es donde la mayoría de los migrantes indocumentados compra un número de
seguridad social..., pero ahí viene lo complicado. ¿Cómo explicar el privilegio que ese número les da? Ese número les da el
privilegio de ser los primeros en entrar y los últimos en salir.
Les permite *aprovecharse del sistema*; les permite aceptar los
peores trabajos en los que les pagan como *tipped employees*,
que en unos estados son 2.13 dólares la hora. Qué suerte tienen
que en Massachusetts ahora son 4.33 dólares; eso sí se califica
como *living wage*. Les permite pagar impuestos para cubrir los
maravillosos servicios públicos a los que no tienen acceso. Les

permite tener miedo cuando se queman en la cocina porque no confían en que los médicos no los entregarán a migración. Les permite mantener el mismo puesto por años, sin movilidad y a veces sin ningún aumento —por cierto, espero que le hayan subido el sueldo del *porter* Miguel; ¡lleva doce años en ese puesto!—. Les permite a muchos vivir en la pobreza y siempre con el miedo de una redada inesperada de ICE, que pasa ahora más que nunca, en este proceso del *make America great again*.

No es nada envidiable.

Como hemos hablado muchas veces, no digo que sea *legal* lo que están haciendo, pero ¿por qué diablos les importa a tantos, incluso a Uno y a Dos, si hay gente que anda buscando el *American dream*? Y de verdad, amor, es la pura ignorancia —con un poco de Fox News— que los mantiene inconscientes del impacto que tienen los migrantes. En una ciudad como su querida Boston, aproximadamente 75 % de los trabajadores en restaurantes son migrantes, y de ese número, por lo menos 40 % son indocumentados. Sin ellos, díganle adiós a ese plato limpio debajo de su *steak medium*, al jabón del baño —si es que se lavan las manos cuando van a hacer *blow* sobre los dispensadores de papel—, y el kétchup, que por alguna asquerosa razón querían con sus nachos. Otro asunto completamente aparte es lo asqueroso que es... ¡Imagínate contarles que las botellas de kétchup se *marry*!: "Perdón, muchachos, aquí les traigo una botella de kétchup que seguro tiene un poco de cuando los Celtics ganaron el campeonato la última vez... pero claro, mezclado con una vendimia más reciente. Mmmm, ¡qué reliquia!". Se hubieran desmayado los dos allí en ese momento.

Sé que soy parcial... Ahora, así soy yo con los amigos... Pero, amor, si hablaras español y les exprimieras a los cocineros jugo de naranja todas las mañanas del domingo, te darían un filete de salmón todas las noches también... ¡Yaaaa!, sigo. Sé que soy parcial, pero de verdad, ¿dónde estaríamos sin los migrantes? Ni hablar del colapso total del sector de hospitalidad y la pérdida de mi inmersión lingüística. Sin nuestros falsificadores de documentos, ¿cómo hubiéramos aprendido los gringos las palabras 'pepino', 'huevo', 'melón', 'plátano' y 'chorizo'? ¿Y el chingonario completo? ¿Y cómo ellos nos hubieran creado los verbos 'watchear' o 'lunchear'? ¿O cómo sabríamos que 'mole' existe en español e inglés y tiene dos significados peligrosamente distintos? ¿O que el 5 de mayo no es *su* día favorito sino nuestro? O que en tu cumpleaños hay que dejar que te destrocen el pastel contra tu cara. O que a veces hay un niño Jesús en tu pedazo de pan dulce. Sin esos documentos falsos, nunca hubiéramos imaginado una vida donde todos los días podrían ser *Taco Tuesday* y que "para todo mal, mezcal".

Lo predijiste, mi vida. Esta tarde cuando me dijiste que a pesar de la lluvia se iba a llenar antes del partido, tenías toda la razón. Los partidos de jueves me encantan, porque como es *thirsty Thursday*, todo el mundo se emborracha, pero como les toca trabajar el viernes, tienen que comportarse bien y no se quedan hasta cerrar. Así que no fue el *post-game* más lucrativo, pero el *pre* sí valió la pena. Amor, ya hemos hablado de esto. No te tocan esos turnos porque terminas más pedo que los clientes. Pues diles que "no, muchas gracias, estoy trabajando". ¡Ay!, ni empieces. ¿Vas a sus oficinas al mediodía para pedirles que tomen un *shot* contigo? ¿Entonces?... De verdad entiendo, la tentación siempre está ahí, pero si empiezas a hacerla un hábito, luego te das cuenta de que estás tomando todo el tiempo. ¿Qué haces después de trabajar? ¿Qué haces en tus días libres? ¿Cuando ganas bien? ¿Cuando te va mal? ¿Para el cumpleaños, el último día de trabajo de fulano, la cruda, el estrés? El balance de cuándo tomar y cuándo decir "paso" tampoco es fácil, pero hay que manejarlo. Somos demasiados trabajando en esto, y no hemos visto el sol antes de las 3 de la tarde en años; siempre nos levantamos crudos justo antes de entrar a trabajar de nuevo. Solo ocúpate de eso. Tu mamá piensa que tomas todo el tiempo; tu papá, que duermes todo el día. Nuestros amigos te imaginan como Tom Cruise en *Cocktail* y a mí como las chicas de *Coyote Ugly*. Eso encima de que la sociedad piensa que somos un grupo de Lindsay Lohans, *chasing* el alcohol con coca —que tampoco está tan lejos de la verdad—, escupiendo en los tragos de los que nos caen mal —¿Quién empezó ese rumor? ¡Qué ASCO de veras!

Pero nuestro trabajo sí es extraño. O sea, nuestros ingresos dependen de nuestra capacidad de ser buena onda por diez horas seguidas, sesenta horas a la semana, a pesar de la inestabilidad emocional del público. ¡Chale!, ahora que lo digo me pregunto por qué no tomo más...

¿De qué hablaba? Cierto, ya se iban Uno y Dos. De repente, después de estar tranquilos y decir "no, estamos bien" por más de una hora, se pusieron muy exigentes con que querían la cuenta porque ya iba a comenzar el partido. Odio el momento de la cuenta. Pensarás que ya me he acostumbrado, pero no deja de ser un momento que me hace sentir medio sucia. Sé que no te sientes igual, tal vez es algo de mujeres. Pero al pasarles el sobre negro con la cuenta, por supuesto con una gran sonrisa y un "¡Muchas gracias! ¡Espero que se la pasen genial en el partido! ¡Qué gusto conocerlos!", como me pasa muchas veces, tuve ese momento de "y ahora me van a dejar lo que piensan que *merezco* por mi servicio".

Cada uno tiene su definición de qué es un buen servicio, ¿sabes?... ¿Era educada y agradable la anfitriona? Fuera de mi control, pero probablemente... aunque le faltan neuronas. ¿Les gustó la comida? Fuera de mi control. ¿Llegó rápido, exactamente como la pedían, perfecta temperatura? Fuera de mi control. ¿La música era de su gusto y a un volumen apropiado? Fuera de mi control. ¿Sentían calor o frío? Fuera de mi control. ¿Les di suficiente atención, cumplidos, sonrisas sin parecer desesperada? Pues fui sarcástica, como siempre, pero les di su agua con poco hielo, les recomendé un whiskey que les gustó, hablamos de deportes, les ayudé a hablar con las chicas de al lado, fui a la cocina por *extra sour cream*, cambié el canal de la tele, encontré un *Tide pen* para Uno cuando se le cayó la salsa en su camisa, no me burlé demasiado... creo. ¿Les gustó mi apariencia y estilo? ¡Pues cómo no! ¿Estaban de buenas? Fuera de mi control. ¿Se sienten generosos? Fuera de mi control. ¿Piensan que no es su obligación pagar mi salario? Fuera de mi control.

¡Guácala! Todo el proceso me da ganas de vomitar.

Tú siempre me criticas por dejar propinas astronómicas... y hasta el 20 % a los que son realmente malos, ya sé. Pero tengo que ser así. Porque sé cómo es trabajar y forzar una sonrisa aun cuando acabas de olvidar de apuntar *nut allergy* y sale una ensalada empapada con aderezo de cacahuate; aun cuando se te cae el bote de Bloody Mary en tu camisa blanca en medio del *brunch*; aun cuando se poncha la llanta de tu bici; aun cuando el *barback* no te ha traído hielo porque anda tomando abajo; aun cuando te gustaría estar en el cumpleaños de tu mejor amigo; aun cuando un cliente te pregunta "What is your real job?"; aun cuando leíste un Yelp que decía: "Not sure she deserved the tip I left her... at all!"; aun cuando estás peleando con tu pareja —que podría ser el *bartender* de al lado—; aun cuando tu gerente dice "The customer's always right"; y aun cuando se murió tu abuela esa misma mañana.

No... No te voy a decir... Porque no importa y solo sirve para generar más estereotipos acerca de quién deja buenas propinas y quién no. Es más, si no me dejaron nada, me vas a venir con "¡pinches putos!", y si me dejaron mucho, con "¡pinche coqueta!" Lo importante es que Dos logró obtener el número de la chica de al lado, Uno estaba encantado con su *grain bowl* personalizado y los Celtics les ganaron a los Lakers.

Ya vamos a dormir, amor. Me duele la cintura y podría hablar horas de esto y es la misma historia de siempre. Tu pregunta era ¿cómo me fue? Pues hice el mayor esfuerzo para que los demás lo pasaran bien, que la noche fuera fácil y agradable para todos. Qué trabajo tan lindo al final, ¿no?

Escapando del cautiverio

Richard Ardila

Unos meses después de graduarme de la universidad, no tenía la menor idea de qué iba a hacer con mi vida. No obstante, tras varias solicitudes de trabajo y entrevistas fracasadas, escuché esas palabras con las que había soñado los últimos dos meses: "Bienvenido a nuestra compañía". Tenía 22 años, un trabajo estable y un grupo de compañeros que me acogían como si fuera su propio hermano. Hasta mi jefa, Angela, me trataba como un príncipe, con cenas pagadas, regalos inesperados y un cariño que ningún amigo me había brindado. Sin embargo, poco a poco me di cuenta de que lo que parecía amistad se estaba convirtiendo en algo más, y tendría que pagar para salir de aquella trampa.

REBOSÉ DE FELICIDAD y entusiasmo como la primera vez que fui a Disney World cuando escuché la voz grave al otro lado del teléfono: "Sr. Ardila, quisiéramos darle la bienvenida a Interactive College of Technology como nuevo profesor de inglés". Antes de colgar, ya estaba pensando en la lista de familiares y amigos con los que iba a compartir las buenas noticias y las copas de champán con las que celebraría ese paso enorme en mi vida. A los 22 años conseguí un trabajo bien pagado unos meses después de graduarme, mientras la mitad de mis amigos seguían esperando una llamada para su primera entrevista. Había pasado la primera prueba de mi vida a pesar del impredecible estado de la economía en el 2011. La emoción perduró hasta el primer día de trabajo, cuando se convirtió en nerviosismo. Ya sabía de sobra que tendría que dejar mis inquietudes a un lado y poner cara de James Bond en una timba de póker. Llegué al *parking* de la escuela profesional de Pasadena, donde iba a pasar los siguientes años, y salí de mi coche esperando que nadie se fuera a fijar en las manchas de sudor en mi ropa. Caminé hasta el edificio de fachada gris, feo y hostil, pero no me acuerdo de más detalles porque al entrar, sentí que me movía a control remoto y ya no tenía tiempo para pensar en mi apariencia. Un hombre alto e imponente, que parecía Ving Rhames, con un traje sofisticado como los que se ponen los *brokers* de Wall Street, me recibió y me dijo: "¿Es usted el Sr. Ardila?", y reconocí la voz de la llamada. "Sí, señor", le dije con una sonrisa nerviosa, entonces me dio la mano. Después de un fuerte apretón y unas formalidades cordiales, me dirigió a su oficina en la segunda planta. Me ofreció una silla y empezó con el diluvio de información, mucho papeleo y, más tarde, el curso de ética profesional —de esos que nunca me tomaba en serio—, y no sé qué más. El recuerdo más sobresaliente del primer día fue la reunión con mi futura supervisora, Angela. Me dio la mano y se presentó con una sonrisa exuberante. Me recordó a las muñecas *matrioshka*, no solo por su figura redonda, sino también por su vestido multicolor y radiante. Llevaba un rímel azul y un pintalabios rojo pasión, como el que se lleva a una cena de San Valentín.

—¿Te puedo llamar Ricky Bobby? ¡Je, je, je! ¡Es que me encanta esa película! —Me dijo.

—Eeee, bueno... ¡claro! —respondí con sorpresa y se me pasaron los nervios. Angela parecía una supervisora acogedora, divertida y, quizás, una buena amiga, cosas que no esperaba.

Durante esas primeras semanas, el trabajo fue una experiencia enriquecedora, no solo por el tiempo que pasé en las clases, sino también por las aventuras que me aguardaban durante mi descanso. La mayoría de los estudiantes vivían y trabajaban en Pasadena, un suburbio de Houston donde muchos inmigrantes se instalan para trabajar en las fábricas y las refinerías de petróleo. Casi siempre llegaban a la clase después de haber trabajado nueve horas, con manchas de aceite en el uniforme, pero con una enorme motivación por aprender y mejorar sus vidas. Pasé muchas horas revisando los tiempos verbales, el vocabulario para usar en el trabajo, las preguntas indirectas y los terribles verbos compuestos. Saber que ayudaba a mis estudiantes y que iban a salir adelante en sus vidas, me motivaba.

No era un trabajo fácil, para nada. Enseñaba una clase de inglés durante cuatro horas en la mañana y otra de cuatro horas por la tarde, con un descanso de tres horas. Mi rutina diaria era llegar a las 8 de la mañana, preparar la clase en una hora y empezar a las nueve. La primera clase siempre pasaba rápido porque tenía mucha energía. Pudo haber sido porque desde pequeño yo he sido mañanero, o por las tazas de café a las que me invitaba Angela. ¡Qué generosidad! A la una nos tocaba el descanso. No tenía ninguna gana de pasar tres horas en una ciudad tan sosa y que huele a pelo quemado, así que emprendía la vuelta de media hora a mi casa en Houston. Pero Angela iba a cambiar mi actitud y mostrarme la Pasadena fascinante. La segunda semana de trabajo me dijo: "Ven a comer conmigo, ¡yo te invito!". Admito que pasear por Pasadena no es tan agradable como tomar un paseo por Rodeo Drive, pero las taquerías, las pupuserías y las cafeterías modestas compensan por los sabores auténticos e irresistibles de México, El Salvador, Colombia y otros países que han dejado su huella gastronómica en la ciudad. No pude negarme a las invitaciones de Angela a descubrir un nuevo tesoro de Pasadena. Me decía: "¡Vamos a comer en la Pupusería Olocuilta! ¡Te prometo que son las pupusas más sabrosas que probarás en tu vida!"; o "He hecho una reserva en el patio de la Taquería del Sol. Ven y te invito a una gordita acompañada por una michelada bien fría". ¡Qué rico todo! Pronto se convirtió en la costumbre de ir a comer y, si el tiempo lo permitía, ver una película o comprar algo en el centro comercial. Nunca me dejaba pagar. "Angela, déjame ayudarte, por lo menos la propina...". "¡No seas tonto!", respondía. Así que dejé de discutirlo con ella y más aun cuando un compañero del trabajo me dijo que era hija de *alguien* importante en Filipinas que la mantenía.

Mi vida siguió igual por meses, pero luego empezaron los regalos. El primero que me dio fue una camiseta azul que decía Manila en letras grandes por mi cumpleaños, así que no me pareció tan fuera de lugar. Pero luego me compraba ropa durante nuestras excursiones al centro comercial. Una camisa de Zara, unos pantalones de H&M y un jersey de Gap fueron algunos de los primeros regalos. La verdad es que no pensaba mucho en las consecuencias de aceptarlos. No quería ofenderla y la última cosa que quería hacer era enfadarla. Un par de veces me echó una bronca cuando le dije: "Gracias, Angela, pero no puedo aceptar el regalo". Me di cuenta de que no era una discusión que podía ganar. Además, una de mis debilidades es que soy una persona demasiado maleable. Ella contestaba: "Durante los descansos, somos amigos y punto". Así me calló para siempre, y me convencí de que no pasaba nada, que era normal que la gente rica regalara cosas así y que la mejor decisión era obedecerla. Mi actitud empezó a cambiar cuando los regalos ya no venían de tiendas como Zara y H&M. En menos de un año, Angela me promovió a obsequios de tiendas caras a las que yo jamás me había acercado: un cinturón de Ferragamo, una cartera de Gucci, zapatos de Louis Vuitton. ¿Cómo olvidar los zapatos verdes adornados con las letras LV en el costado? Ni siquiera sabía que Louis Vuitton producía zapatos, ni que hay hombres dispuestos a pagar 600 dólares por algo tan banal, que no me parecía tan distinto a los Skechers que compraba antes. Mi familia y mis amigos empezaron a notar que había algo distinto en nuestra relación. Me dijeron: "¿Me estás diciendo que tu supervisora te trata como un príncipe y no te parece raro?". No quería darles la razón, pero la verdad es que ya lo sabía. Lo que pasa es que tenía el síndrome de la rana hervida: el proverbio que me enseñaron mis padres de la rana que sale de la olla si está hirviendo el agua, pero no sale del agua si se pone a hervir poco a poco. Tenía que despertar antes de quemarme como la rana. Quizás llegó el momento de recuperar el control.

En los siguientes meses, rechazaba las invitaciones de Angela de vez en cuando, así que me miraba con desdén y me hacía pagar con acotaciones secas. Ese ritual pasaba con más frecuencia hasta que un día explotó y me dijo: "Sé perfectamente bien lo que estás haciendo. ¡Ten cuidado porque yo consigo todo lo que quiero!". Recordé la *femme fatal* de las películas que veía con mi abuelo. Me sentí tan estresado por la situación que pasé muchas noches en la cama intentando dormir, pero solo podía pensar en lo frustrado que estaba. Cómo me habría gustado llamarla "hija de puta en la cara" y ser un hombre duro, valiente y obstinado. Al fin y al cabo, la sociedad siempre ha enseñado que los hombres no pueden ser débiles y menos con una mujer fuerte. Entonces, ¿qué me estaba pasando? A lo mejor habría sentido menos vergüenza si hubiera sabido que 38 % de las víctimas de acoso son hombres y que en el 68.6 % de esos casos el perpetrador es una mujer.

Pensé que yo tenía la culpa. Después de todo, fui yo quien no reconoció lo que estaba pasando desde un inicio, y quien no actuó pronto para frenar ese caos. Desgraciadamente, no había leído el manual de *Cómo se escapa de una mujer depredadora en una posición de poder*. Solo me acordaba de un caso de abuso de poder de una mujer en EE. UU. En 1996, Mary Kay Letourneau tuvo una relación sexual con su alumno de 12 años, Vili Fualaau, y dio a luz a dos niñas. Fue un escándalo que sacudió al mundo por la diferencia de edad y porque ella asumió el rol de perpetradora de un delito sexual. Pensé que me iba a pasar algo parecido porque Angela me llevaba diez años y estaba en una posición de poder. Pero yo ya no era un niño. Y por supuesto no quería nada de ella, aparte de que fuera una supervisora responsable y, como mucho, una amiga. Mi peor pesadilla era convertirme en Vili Fualaau, y no podía dejar que nuestra amistad llegara a tal extremo.

Empecé a inventar excusas para no tener que pasar el largo descanso con ella: "Ayer no dormí bien y tengo que echarme una siesta" o "Tengo una cita con el dentista". Pero siempre tenía una respuesta para contrarrestar mi plan. Me decía: "Necesito tu ayuda para el informe mensual" o "Tenemos que hablar de tu estudiante" o simplemente "No me vengas con tonterías, sé que no tienes nada que hacer". Tampoco me ayudaba que soy un mal mentiroso. Para complicar las cosas, Angela estaba entablando amistad con mi hermana y mi mejor amigo, Andy. Les mandó una solicitud de amistad en Facebook, luego empezaron a comunicarse por móvil y se conocieron en mi casa un día durante el descanso. Al mes, ya estaba invitando a mi hermana a ir de compras o salir con ella de copas, e invitó a Andy a una de las grandes fiestas que tenían lugar en su casa de vez en cuando. Había perdido el control de la situación en el trabajo, pero en ese momento estaba claro que estaba perdiendo el control de mi vida personal.

Un día de verano, para liberarme del estrés, tuve que salir de ese edificio sombrío que para ese entonces me parecía una cárcel de la Unión Soviética. El calor de Texas era opresivo, y junto con el olor de las fábricas de Pasadena, me sentía como si estuviera en uno de los nueve círculos del infierno de Dante. Afuera del edificio no estaba bajo el control de Angela. Saqué el móvil de mi bolsillo y empecé a escribirle a mi hermana el peso que me estaba aplastando con más fuerza cada día. Los dedos se movieron con rapidez como si estuvieran poseídos, y le dije: "Para que lo sepas... Angela no es la persona que creía que era. Está loca y es una acosadora. No hables más con ella".

Después, me sentí un poquito más aliviado por haberme sacado eso de encima. Entré de nuevo en el edificio y fui a la oficina para empezar a preparar la siguiente clase. En algún momento me fui a comprar un capuchino en la máquina de la primera planta y subí a mi oficina en la segunda planta para seguir con la preparación de la lección del día. Apenas me senté y abrí el libro, me fijé que el móvil ya no estaba en la esquina del escritorio donde siempre lo dejaba. Salí a buscarlo en todos los sitios en los que había estado: la cafetería, el aula de mi primera clase, fuera del edificio e incluso en las oficinas de mis compañeros. Hasta que fui a buscarlo en el último sitio donde podía estar, en la oficina de ella. Entré sigilosamente, y la encontré con mi móvil en la mano. Cuando me vio, puso cara de una niña pillada con las manos en la masa. "No puedo creer que hayas robado mi puto móvil y estés aquí leyendo mis mensajes personales", grité. No podía creer que aquellas palabras salieran de mi boca sin titubeo. Se fijó en mi rencor porque su expresión cambió. Tenía miedo. Ella sabía perfectamente bien que la invasión a mi vida personal fue la gota que colmó el vaso. En ese momento, decidí abandonar mis estrategias anteriores. No había remedio, así que decidí renunciar.

Todos los años que pasé estudiando en el colegio las leyes de Newton, la identidad de Euler, la alegoría de la caverna y miles de otras cosas no me habían preparado para enfrentar este reto. La única manera en la que podía salir de mi crisis era huyendo. Ya no me importaba que las personas a las que iba a contar la historia me llamaran cobarde, blandengue o cagado. Lo más importante era dejar la mierda atrás y empezar de nuevo. Pensé mucho en el día en que iba a darle la noticia de mi partida y la reacción que tendría. A veces provocan más miedo las situaciones impredecibles. Habría preferido saber si iba a explotar de rabia y así, por lo menos, prepararme. Imaginaba cosas terribles, que perdía la cabeza y me estrangulaba como a una anaconda hambrienta en la selva. Sabía que no iba a ser fácil, pero no tenía otra opción. Inventaría una buena excusa para evitar preguntas. Al final, no hizo falta porque justo en aquel momento recibí una oferta de trabajo. Una amiga que conocí en Madrid dos años antes, cuando estudiaba en el extranjero, me dijo que su compañía estaba buscando más profesores de inglés. La idea fue muy cautivadora, y lo que necesitaba era un cambio de aires. Es verdad que trabajar en una academia de inglés nunca me iba a convertir en un millonario, pero nada podía hacerme sentir más animado, pensando en las plazas pintorescas, las tapas, las horas de sobremesa y, sin duda, los miles de kilómetros que me iban a separar de Angela. La decisión no fue nada difícil.

Unos días después, llegó mi momento de triunfo. Durante toda la mañana, solo pensé en el discurso que venía ensayando los últimos tres días. A la 1 de la tarde, sin perder ni un segundo, me dirigí a su oficina. Toqué la puerta y entré. "Tenemos que hablar...", dije escondiendo mi miedo. Me miró como una niña en medio de una muchedumbre y me dijo: "¿Qué pasa?". En mi cabeza le estaba diciendo, ¡vete a la mierda! ¡descarada!, pero en realidad tenía que mantener la calma. Intuí que ya sabía lo que quería decir. Hablé sobre el nuevo trabajo y la suerte que había tenido de trabajar con ella, que la experiencia había sido enriquecedora. Debo admitir que el discurso fue digno de un premio porque me salió con soltura y no me trabé ni una vez. Esperé ansioso el ataque, pero me sonrió mientras se le cayeron un par de lágrimas. Las limpió manteniendo su sonrisa y, sin hacer, ruido me dijo: "Bueno... ¡Mucha suerte!", y fue tan rápido que no tuve tiempo de reaccionar.

Los días que siguieron, Angela siguió sonriendo a todo el mundo y haciendo sus comentarios banales en el pasillo, pero su mirada penetrante al saludarme delató sus sentimientos verdaderos. Podía ver la pena y la rabia que guardaba. Habría preferido despedirme sin hacerle daño. Al fin y al cabo, no soy una persona vengativa, pero ya no me sentía culpable después de todo lo que me hizo pasar. "Yo soy la víctima", pensé. Desafortunadamente, muchas personas que sufren de abuso en el trabajo o en una relación nunca logran liberarse de los sentimientos de culpa. Yo tuve suerte porque pude salir antes de que la relación se me fuera de las manos. Por una razón inexplicable, tenía un sentido de satisfacción al ver la cara de pena de Angela paseando por los pasillos. La verdad es que no estaba orgulloso de este extraño sentimiento, pero como un virus que invadía mi cuerpo, no podía librarme de esa alegría. Años después, aprendí de un profesor que en alemán el sentimiento que experimenté se llama *Schadenfreude*. Significa complacerse maliciosamente con un percance o un apuro que le ocurre a otra persona. Sentir *Schadenfreude* fue mi manera de vengarme y mi momento de dar el vuelco a la situación. Entonces, quien tomó las riendas del asunto fui yo.

Las últimas dos semanas pasaron rápido. No hubo fiesta de despedida ni discursos emotivos. El momento de decir adiós al jodido trabajo por fin llegó. El último día casi no la vi; era algo que nunca había pasado en los dos años de trabajo. Pero no tuve ni un minuto para pensar en ella o en la despedida porque todos los profesores, los estudiantes, el equipo de administración y otros empleados me ofrecieron sus mejores deseos y expresaron su tristeza de que tuviera que dejar mi trabajo. ¡Qué poco sabían de mis sentimientos! Al final del día, preparé las cosas para salir una última vez y celebrar mi emancipación con mis amigos. Entonces, ella me llamó: "Oye, espérame un segundo. Salgamos juntos porque tengo un regalo". Así que salimos a despedirnos por última vez y, como siempre, fumó uno de sus Vogue Superslim mientras hablamos de las cosas del trabajo. Fue la noche más tranquila y oscura que había visto en Pasadena. Incluso los grillos y los búhos pararon su actividad para escucharnos. Me dijo: "El regalo que quiero darte es un ascenso a *business class* para tu vuelo a Europa". No esperaba eso porque pensé que la fase de los regalos se había acabado, pero como ya me había regalado otras cosas de lujo, tampoco me sorprendió. ¿Y quién diría "no" a un billete *business class* a Europa en Lufthansa? Ya no habría consecuencias ni compromisos porque me iba. Le di las gracias por todo y tras un fuerte abrazo, le dije que me tenía que marchar. En ese momento, empezó a soltar las emociones, así que tuve que aguantar unos minutos más para consolarla y decirle que seguiríamos siendo amigos como siempre. No me gusta mentir, pero a veces mentir es mejor que decir la verdad. Le di el último abrazo y le dije que ya no me podía quedar más tiempo. Subí al coche y cuando estaba por arrancar, ella subió al asiento del pasajero. "¡¿Qué coño tengo que hacer para que me deje en paz?!", pensé. Limpió unos sollozos con su mano rechoncha. Cuando no podía aguantar más el incómodo silencio, le dije otra vez: "Angela, perdona, pero me tengo que ir ya!". Intuyendo que ya se me estaba agotando la paciencia, se volteó, me miró fijamente y me dijo:

—Tengo que decirte algo que he querido decir por mucho tiempo.

—Ok... ¿Qué pasa?

—Ya sabes lo que quiero decir. No me hagas sufrir. — Aunque sabía perfectamente lo que quería confesar, no me atrevía a decirlo.

—Pues... no.

Después de otros momentos prolongados de silencio, le dije:

—Tú... ¿sientes algo por mí?

—Claro que sí, ¡tonto!

Pensé que el momento más incómodo de la noche había pasado. No había más que decir y podía intentar echarla otra vez. Ni siquiera tuve tiempo para hacerlo. Cuando la miré de reojo, se levantó del asiento y se dirigió hacia mí con la boca abierta. La depredadora estaba a punto de consumir su presa igual que en los documentales de National Geographic. Menos mal que su ataque no fue tan agresivo y con una mano frené su avance. Ese puede ser el momento de mayor sorpresa que he experimentado en mi vida.

—Angela, ¿¡qué haces!? Somos amigos. ¡Y tienes un marido que te quiere!

—¡Me importa una mierda!

Me quedé sin aire. Todo giraba en mi cabeza. Antes de pensar en mi siguiente paso, se fue sin decir nada. Yo me quedé un rato. Tenía que procesar lo que había pasado antes de abandonar el *parking* de ILT por la última vez.

Llegué a casa alrededor de las once, confundido porque no sabía si me iba a despertar de una pesadilla, pero a la vez sentí el alivio de haber superado uno de los primeros desafíos como adulto.

Me quedé despierto en mi cama por horas, repasando los eventos de la noche en mi cabeza. ¿Cómo me había metido en una situación así? ¿Por qué no la paré antes? ¿Por qué acepté los regalos sabiendo que me estaba cavando mi propia fosa? Había tantos *porqué*, que no sabía por dónde buscar las respuestas y si valía la pena. Además, una gran aventura me estaba esperando en el otro lado del gran charco, miles de kilómetros lejos de mis penas en Pasadena. En medio de la avalancha de sentimientos y pensamientos que interrumpían mi sueño, escuché el zumbido del móvil y leí la notificación: "Angela te ha enviado un mensaje". Aunque no quería saber más de ella, no pude resistir la tentación de leerlo para por fin cerrar ese capítulo de mi vida: "¡Lo siento mucho por lo que he hecho hoy! Esa persona no era yo y no tengo ni idea de por qué dije esas tonterías. ¿Puedes olvidar todas las cosas que te dije en el coche? Espero que esto no dañe lo nuestro porque quiero que sigamos siendo amigos".

Me escribió varias veces en las siguientes semanas, pero mis respuestas fueron menos interesadas y cada vez más escasas. Creo que fue después de dos semanas que dejé de responder por completo. Ésa fue mi manera educada de mandarla a la mierda. Demostró mucha paciencia esperando mi respuesta al último mensaje, aunque también ella me mandó a la mierda con una diatriba de dos páginas. No me acuerdo de todas las palabras que utilizó para describirme, aparte de cabrón, niñato y perdedor, pero lo que más me alegró fue cuando dijo que se había acabado cualquier tipo de contacto entre nosotros.

Tenía mis dudas de que fuera a borrarme de su vida, pero al día siguiente reafirmó su decisión. Ya no aparecía en mis contactos de Facebook, Instagram, Google y ningún tipo de red social. Me sentí como un prisionero recién liberado. Me fui a España y dejé de pensar en Pasadena, ILT, los viajes al cine, los regalos y, por supuesto, Angela. Aparte de una felicitación inesperada por mi cumpleaños, no volví a leer ni a escuchar nada de ella. Años después, por un encuentro casual con un compañero del trabajo, me enteré que se había mudado a otra ciudad, que dejó a su marido y que vivía felizmente con su novia.

En los dos años de trabajo en Pasadena, mi vida pasó por varias etapas y me convertí en una persona más sabia. Inicialmente, pensé que había hecho una buena amiga y una mentora respetable para guiarme en mi primera incursión en el mundo profesional. Me enseñó muchas lecciones fundamentales que me ayudaron en mi formación como profesor y me dio inspiración para cambiar la vida de los estudiantes.

Sería una gran mentira si dijera que no saqué nada positivo de mi experiencia en Pasadena. Por otro lado, me di cuenta de que cualquier persona es capaz de convertirse en una bestia. Me sentí traicionado y menospreciado, pero espabilé, tomé las riendas y le dije a Angela: "¡Adiós para siempre!".

El oficio de la escucha

Fernando Vallejo: tanto odio, tanto amor

Ricardo Castro Agudelo

> *"Lo escuché decir cosas terribles de los colombianos cuyo equivalente en México habría sido recibido como una cortés invitación al linchamiento. Y todo lo dice en un tono suave, tranquilo, es una suerte de pastel envenenado".*
>
> CARLOS MONSIVÁIS

> *"La obra de Vallejo es la más espléndida lección del arte de injuriar que haya conocido este país de reacciones prima- rias, que por falta de lenguaje tuvo que utilizar siempre el machete".*
>
> WILLIAM OSPINA

CUESTA ADIVINAR, a juzgar por la ropa que le cuelga, que el escritor Fernando Vallejo se asemeja a una estrella de *rock* con una fanaticada de jóvenes que lo acompaña e idolatra. Durante años fui un *groupie* del escritor más mordaz de la lengua.

Cuando habla en público, la gente se apeñusca en los audi- torios hasta que no caben ni sentados ni de pie. Cuando lee "Políticos de Colombia, no más trabas, no más leyes, no más cambios, no más impuestos. No declaren más en los noticie- ros. Desaparezcan, bórrense. ¡Déjennos respirar!", lo interrum- pen los aplausos. Es una escena que se repite dondequiera que va: cuando Vallejo fustiga, la audiencia aplaude. En especial cuando el blanco de sus ataques son sus principales antagonis- tas: los políticos ("Ellos son los culpables del desastre que es Colombia"), la Iglesia ("La grandísima puta, la santurrona, la simoníaca, la inquisidora, la torturadora..."), los santos como Francisco de Asís ("Un hijo de rico que decía hermano Sol y hermana Luna como cualquier hippie marihuano").

En agosto del 2000, en un encuentro internacional de escritores, Vallejo conminó a los jóvenes de Colombia. Les pidió no dejarse arrastrar por la locura del país —"el más loco del planeta"— en el que tuvieron la mala suerte de nacer. Terminó su intervención con un lacónico reconocimiento de la imposibilidad de huir de Colombia. "Adondequiera que vayan Colombia los seguirá... Algún momento de dicha efímera vivido aquí e irrepetible en otras partes los va a acompañar hasta la muerte". Entonces Fernando Vallejo vivía en México, a donde llegó después de vivir en Bogotá —dónde empezó a estudiar Filosofía y Letras—, Roma —donde estudió Cine— y Nueva York. En México, dirigió algunas películas antes de abandonar el cine y dedicarse a escribir una serie de novelas en primera persona, tres biografías —de los poetas José Asunción Silva y Porfirio Barba Jacob, y del filólogo Rufino José Cuervo—, una diatriba documental contra la iglesia católica y tres ensayos *científicos* en los que arremete contra Darwin, Einstein, Newton y otras figuras capitales de la ciencia. Más allá de las apreciaciones, su obra literaria es reconocida como una de las más originales de los últimos treinta años. Una cualidad que destacó el jurado del Premio de la Feria Internacional del Libro de Guadalajara —concedido en 2011— fue: "Vallejo es una de las voces más personales, controvertidas y exuberantes de la literatura actual en español", dijo el escritor mexicano Jorge Volpi al anunciarlo.

⁓

En 2014, en la Feria del Libro de Bogotá, trece jóvenes esperaron hasta pasadas las 11 de una noche fría y lluviosa. Querían su autógrafo en alguno de los libros que llevaban consigo. Aquella noche la fila para entrar al auditorio se formó más de dos horas antes de su presentación. Trescientas personas esperaban de pie para conseguir un lugar desde dónde ver la figura del viejo y oír su voz de abuelito bonachón.

Apareció entre aplausos. Caminó decidido hasta el atril con una carpeta en la mano. Antes de empezar, se cambió las gafas y empezó a leer sin saludar. Dijo que hablaría de dos cosas:

"[...] Una, de Dios que no existió, de Cristo que no existió, y de su infame Iglesia que no quiere a los animales y que se las da de buena y misericordiosa habiendo sido cruel y asesina hasta donde pudo cuando pudo, más que el Estado Islámico de hoy pues este apenas decapita mientras que ella quemaba a la gente viva en las hogueras de su Santa Inquisición. Y dos, de nuestra asquerosa clase política, presidida por el vagamundo que tenemos en la presidencia. Con todo respeto". La escena la había visto antes, deslumbrado la primera vez, fascinado la siguiente y la siguiente, y cuando miraba algunas de sus intervenciones en YouTube. Esta vez, me pareció notar menos entusiasmo en los aplausos del auditorio. A lo mejor no. A lo mejor era mi entusiasmo el que había mermado.

—

Leí las primeras páginas de *La Virgen de los sicarios* en mi primer semestre de universidad. Tenía entonces 18 años y no podía parar de reír; tímidamente al comienzo, luego a rienda suelta, ante el nihilismo de ese narrador enfurecido que se despacha contra todo y cada una de las instituciones, cuyo valor y respeto se da por sentado. De la Iglesia a la clase política; de la democracia a la bondad de los pobres; de Octavio Paz a García Márquez. Una voz. Leer a Vallejo es irse de bruces sometido por una escritura que no se amolda. Un ciclón de plasticidad del lenguaje que además tiene la belleza —y la oscuridad— de un pensamiento honesto. La furia de ese narrador que desprecia el mundo: a las mujeres paridoras, a los pobres que se reproducen y engendran más pobres; cambia de registro para evocar el paraíso perdido de la infancia: "[...] el casco de lo que fue, en una nube desflecada, rompiendo un cielo brumoso, me iba retrocediendo a mi infancia hasta que volvía a ser niño y a salir el sol".

En octubre de 2007 lo vi por primera vez. Era el invitado sorpresa de un festival cultural que organizó una revista para celebrar su décimo aniversario. Yo recién lo había empezado a leer. Pero conseguí una entrada para ir, solo, a escuchar a quien me tenía hechizado a punta de oraciones encadenadas.

Seiscientas personas colmamos el auditorio. La aparición del escritor desató una cascada atronadora de aplausos y vítores. La gente se puso de pie. Vallejo subió al escenario acompañado de doce voluntarios de una sociedad de protección de animales y al menos una docena de perros callejeros. Fue una coreografía extraña. Esa noche, Vallejo canonizó al filólogo Rufino José Cuervo en una lectura evocadora y ácida, que incluyó fragmentos hilarantes de corrección gramatical a escritores de renombre como Juan Gabriel Vásquez, Adolfo Bioy Casares y Claribel Alegría. A Mario Vargas Llosa le espetó: "Decir 'que' cuando es 'de que' es como no tener madre o mentarle la madre a la abuela. Vos tan orgulloso y tan premiado. ¡Qué! ¿No te dieron clase de español en el Leoncio Prado?".

"Colombia es lo peor de la tierra y Antioquia lo peor de Colombia", empezó. Sentí que nunca había escuchado tanta verdad. No sabía que estaba a punto de quedar hechizado por el sonido de su voz. Entonces, ya estaba enceguecido por la fiereza de sus palabras que leía alternando entre la risa y una extraña nostalgia. Su voz era dulce y por momentos frágil. No podía creer que dijera lo que decía. Con un tono sereno y terso se cagaba en Antioquia: "En esos páramos de esas montañas feas y yermas por las que se ruedan las vacas, en esos huecos de tierra caliente donde zumban los zancudos, el alma se encajona asfixiándose en su propia mezquindad"; y también en Colombia y en los colombianos: "Se han vuelto envidiosos, ventajosos, malos. O mejor dicho peores pues malos siempre han sido, desde que los engendró España cruzándose con indias y negras. Cuando yo nací me los encontré bajándose las cabezas a machetazos. Luego se civilizaron y pasaron a matarse con metralleta".

Por ese entonces, el oscuro gobierno de Álvaro Uribe había gastado una fortuna en una campaña publicitaria que buscaba mejorar la muy lastimada imagen del país. "Colombia es pasión", se leía en las piezas en que se veía un corazón blanco sobre rojo. Vallejo exponía el reverso de ese decorado vulgar. Con voz dulce contaba la tragedia que el gobierno pretendía maquillar para vender el país en el exterior.

Lo miré encandilado y me terminé de entregar. Nunca había leído algo así. Nunca había escuchado a un maromero del idioma tan prolijo y certero.

Después de esa noche sublime en Bogotá, me entregué a sus novelas y dediqué incontables horas, en el precario internet de la época, a leer y archivar todo lo que encontraba de él —discursos, conferencias, entrevistas— y sobre él —reseñas de sus libros, columnas de opinión, reportajes—. Todo lo guardaba con cierto método: anotaba la fuente, el autor, la fecha como un tesoro en mi computador. Empezaba a subrayar oraciones y luego no sabía dónde parar. Y me veía abrumado por una extraña nostalgia después de recorrer de su mano la carretera delirante a la finca de Santa Anita, donde el niño Fernando creció adorando a su abuela.

Una tarde de febrero de 2008, el escritor Fernando Vallejo fue a conocer lo que quedaba del muelle de Puerto Colombia. Ubicado a las afueras de Barranquilla, en el norte de Colombia, a comienzos del siglo XX era el mayor puerto marítimo del país y un punto neurálgico del intercambio de América con el mundo. Esa tarde Vallejo lo recorrió como lo que era: una ruina peligrosa que se extendía casi doscientos metros mar adentro. El eco de un sueño lejano de modernidad. Su derrumbe parecía cuestión de tiempo. El escritor vestía un pantalón y un abrigo color crema bajo los cuales apenas se podía adivinar un flaco cuerpo de 66 años. Llevaba una camisa azul con rayas blancas dentro de un cinturón café, el mismo color de sus mocasines. Parecía que alguien más alto y fornido le hubiera prestado todo el conjunto. Las olas golpeaban la estructura del muelle, y el agua, impulsada por el incesante viento, salpicaba con fiereza.

El periodista que lo acompañaba buscó sin éxito a quien entregarle el permiso que tuvo que conseguir para poder visitar la inestable estructura. Un hombre en pantaloneta y esqueleto verde que descamaba unos pescados para su restaurante vacío, lo miró confundido.

—¿Cuál permiso, chico? Si acá no hay nadie.

Vallejo caminó hasta la punta del muelle y recordó que de ahí zarpó el poeta José Asunción Silva, en un barco que naufragó con la mayor parte de su obra. Un duro golpe para el poeta que se pegó un tiro en el corazón en mayo de 1896. Vallejo creció adorando su poesía y, durante años, investigó sobre su vida para escribir una copiosa biografía que publicó casi un siglo después de la muerte del escritor.

Vallejo parecía un niño andando con las manos en los bolsillos. Mientras caminaba sobre los corroídos vestigios, me contó por qué se desenamoró del cine después de dirigir un par de películas. El cine, que lo había apasionado de joven, le parecía "un arte muy menor al lado de la literatura, que es muy menor al lado de la música". Lo mismo, o algo muy similar, había dicho antes y lo mismo ha dicho después.

—¿Por qué no fue músico? —le pregunté.

—¡Ah! Porque no tenía música en el alma —contestó. Su mirada alternaba entre el desgastado concreto bajo sus pies y el Atlántico interminable enfrente.

—¡Pero si toca bien! —le dije, y le recordé la ovación de la noche anterior después de que tocó, sin partitura, sendos compases en un piano de cola negro que descubrieron en el escenario de su presentación en el festival cultural por el que estaba en Barranquilla.

Habíamos llegado al final del muelle. El viento era constante. Esporádicamente caían junto a nosotros ramalazos de agua del mar que estrellaban contra los cimientos. Me miraba. Los ojos chiquitos, semiabiertos por el viento. Sonrió. Que gracias, dijo, pero que él apenas sabía interpretar, más o menos, la música compuesta por otros. Y eso, dijo, no le interesaba. No habría podido dedicarse a repetir como un robot que sabe leer una partitura compuesta por otros.

Las olas reventaban contra las roídas columnas mientras Vallejo hablaba de *Logoi* —su primer libro, un estudio de la gramática del lenguaje literario— porque ahí desmenuzaba los clásicos para entender cómo estaban escritos. Aterrado y contento como estaba, yo asentía. Vallejo no titubeaba. Hablaba de los orígenes de la literatura, de la importancia de la versificación para la memoria, de los ripios e imitaciones sobre los que se sostiene. Yo no le creía que hubiera dejado de leer. Se reía. Que por qué no le creía, dijo, y me explicó que de niño era un lector voraz, pero que de tanto leer les aprendió el truco a los textos.

El viento lo había obligado a ponerse un abrigo carmelito que le quedaba grande, como grande parecía quedarle el resto de su ropa. "¿No le gusta nada de García Márquez?", pregunté. Vallejo había atacado a García Márquez como persona —especialmente por su amistad con Fidel Castro— y como escritor —por escribir novelas en tercera persona—, pero entonces dijo algo que no le había escuchado antes: que por supuesto que sintió asombro la primera vez que leyó *Cien años de soledad*. Y que disfrutó esa primera lectura embelesado por la historia de los Buendía, pero que después ya no porque al final se trataba de una novela de tercera persona. Un "truco" que le parece "trillado", y del que la literatura "ha abusado más de la cuenta". Por eso, García Márquez no le parecía un escritor muy original, "aunque Remedios se fuera volando al cielo colgada de una sábana".

Sin mucho entusiasmo, pero sin desgano, me contó cómo le gustaba escribir. Todo, o casi todo, lo reducía al ritmo y a lo que llamó entonces "la sonoridad." Dijo que empezaba a escribir sin hacerlo: cuando sale a caminar junto a su perra y empieza a imaginar las palabras y a trabajarlas en su cabeza y a darles vuelta para encontrar el ritmo de la prosa.

—¿Va hablando solo por la calle?

—¡Exacto! —se rio—, como un loco que habla solo por la calle.

—Y ¿hoy qué piensa de *Cien años de soledad*?

—Que es un chorizo de anécdotas. Aunque está bien escrito.

El agua del caribe salpicó y le bañó el cuerpo y la cara. No intentó limpiarse las gafas. El escritor sacó las manos de sus bolsillos, abrió los brazos, sonrió y dijo: "¡Qué maravilloso!". Había ido a Barranquilla impulsado por la ilusión. Hice gimnasia financiera, pedí prestado, reclamé los exiguos puntos de viajero. No me alcanzaba para el vuelo directo. Volé de Bogotá a Santa Marta y de ahí dos horas, casi a medianoche, en una buseta soporífera hasta Barranquilla. Fui de jueves a domingo. El viaje suponía deudas, perder clases en la universidad, cancelar algún compromiso adquirido previamente. A mí nada me importaba más que la posibilidad de volver a ver a mi más grande amor literario.

¡Ay!, ¿qué es este vértigo?, ¿de dónde viene esta emoción? Soy un niño de 7 años que va camino a ver a el Chavo. Soy el chillido incontenible que acompaña a Los Beatles en el show de Ed Sullivan. Soy un aficionado que va a conocer a Messi. ¡Juá! ¡Ya quisiera Messi poder generar esto! Voy de un lado a otro como una gallina turuleta sin cabeza. Meto algo de ropa en una mochila. Con las manos reviso mis bolsillos: billetera, llaves, teléfono. Entonces los vi. ¡Los libros! Fuera medias, hagan paso a los libros. Porque, ay, ¿¿qué tal si logro una firma? Una solita, maestro: para Ricardo, ¡ay!, ¡qué es esta emoción!

—

En Barranquilla lo vi en el mezanine del teatro Amira de la Rosa, en la antesala del evento inaugural del Carnaval de las Artes. También estaban el escritor chileno Pedro Lemebel y la cineasta italiana Lina Wertmüller. Pero yo estaba ahí por Vallejo, por nadie más. Y estaba ahí, a unos metros nomás, parado, como cualquier vecino, con una camisa azul oscura con rayas blancas, un pantalón caqui que le quedaba grande y zapatos de cuero negros. ¡Ay! que alcanzo a escuchar lo que le dice al periodista del noticiero: "Eso no te lo van a dejar sacar". *Eso* era una andanada en contra del presidente Álvaro Uribe, el Culibajito. ¿Qué voy a hacer? ¿Cómo se dirige uno a la fuente de su obsesión y su fascinación?

"Perdone, maestro, podría... por favor... si no es mucha molestia", imaginaba que le decía.

¿Por qué le voy a decir *maestro* igual que los idiotas de la radio que, como no lo han leído, le preguntan siempre las mismas cuatro pendejadas? No podía dejar pasar la oportunidad. Está ahí nomás y pronto se dará cuenta alguien de que este hombre que parece perdido en este cóctel de preámbulo en realidad lo está.

Le pedí que escribiera su nombre con esa caligrafía rústica y brusca, una dedicatoria para mí, su más ferviente admirador. Luego me preguntó y le contesté y le pregunté y me contestó y me presentó a Pilar Reyes, la editora de Alfaguara, quien a su vez me presentó a su hermano, Carlos, que tenía mi edad y, por supuesto, conocía a varios de mis amigos que estudiaban Derecho como él, porque así de pequeño es el mundo de la universidad privada en Bogotá. Fuimos a tomar un par de cervezas. Yo estaba alelado ante mi buena fortuna. Al día siguiente, Carlos me llamó.

Que Fernando preguntó por usted, que si no tiene planes esta tarde, que si quiere acompañarnos a Puerto Colombia.

Me sudaban las manos cuando colgué el teléfono. Me cuesta recordar emoción semejante.

—

En algunos sectores ha calado la idea de que Vallejo es el escritor más odiado de Colombia. Siempre prolijo al dispensar vitriolo, Vallejo se ha vuelto un blanco de los periodistas cada vez más sometidos a las dinámicas absurdas del tráfico virtual. Una forma fácil de azuzar el avispero: "Maestro, ¿qué opina de (inserte nombre/institución aquí)?". Y la gente llama y comenta embravecida: "[...] que este maricón, que este fascista, que este frustrado". Los escenarios atiborrados, en cambio, muestran que tiene muchos seguidores. Gente que disfruta y celebra que alguien llame a las cosas por su nombre y a la cara. Al bribón, bribón. Al bellaco, bellaco.

"Un país no es la masa ignorante, inculta, envilecida. Un país es la gente que piensa y la gente que piensa está conmigo, y la gente sin prejuicios y con el alma limpia, como los niños y los universitarios, está conmigo", me dijo la segunda vez que lo vi. Era marzo de 2010. Como requisito para poder terminar la carrera yo hacía una práctica en una revista. "¿Quieren entrevistar a Fernando Vallejo?", el director de la revista soltó la pregunta sin aspavientos, acaso anticipando silencio o una negativa, y no el mal disimulado entusiasmo de la respuesta afirmativa. "Listo. Mañana a las 4", le dijo al teléfono. Había empezado a sudar.

La cita era en el Hotel Tequendama, un lugar tradicional cercano al centro de Bogotá. Sus instalaciones estaban descuidadas —bisagras sin aceitar, bombillos que no encendían—, pero conservaba ecos de ambiente señorial. El hotel era una de las sedes principales del Festival Iberoamericano de Teatro de Bogotá, había en su entrada una muñeca roja de casi tres metros de altura que contrastaba con la tarde gris y se erguía sobre el vaivén de fotógrafos, productores y gente de teatro. Faltaban pocos minutos para las 4, la hora convenida para la entrevista, cuando el jefe de prensa de la editorial nos saludó: "Fernando se está lavando los dientes. Ya viene", me dijo.

El escritor sonrió mientras guardaba el cepillo de dientes y su estuche plástico en un bolsillo de su chaqueta azul oscuro. Estiró la mano. Me miró a los ojos y me saludó con amabilidad. Me pregunto si me habrá reconocido, si debería recordarle que pasamos una de las tardes más extraordinarias de mi vida.

Se sentó y se cambió las gafas. Parpadeaba constantemente como si algo en sus ojos le molestara. Su voz era un susurro: hubo que acercar el grabador para que no se perdiera. Cuando vio la luz roja encendida dijo: "Eso. Graben. No deben confiar en la memoria que es traicionera".

Después de un par, las entrevistas que le hacen a Vallejo se vuelven predecibles. Sus agravios van y vienen, y suele volver a las mismas elucubraciones contra la iglesia, los políticos, la reproducción. Pero son un dulce para los medios que consiguen notas muy leídas y compartidas. Esto ha ayudado a que la imagen pública del escritor se preste para la burla y la caricatura. Hay una imitación recurrente en un programa radial de humor político en el que lo llaman a comentar cualquier noticia y la voz se despacha de forma interminable entre las risas de los locu-

tores que, después de un par de minutos, le cuelgan en plena
perorata. La gente se queja de que siempre dice lo mismo. Pero
pocos reparan en que son las preguntas que le hacen las que se
repiten. ¿Qué esperan los periodistas? ¿Que de repente crea en
la democracia? ¿Que apoye públicamente a algún candidato?
¿Que hable bien del Papa?

"Ellos ya saben lo que yo voy a contestar y para qué me
quieren tener ahí: para que les suba el *rating*, no hay de otra.
Pero ellos están ganando sueldazos, yo nunca he ganado nada.
Ni estoy publicando columnas de opinión ni estoy como un
loquito en Hyde Park gritando lo que pienso. Me preguntan y
yo contesto. Por decir las cosas, yo no estoy ganando nada ni
estoy pretendiendo un puesto político; por lo menos eso me da
una autoridad que no tienen ellos", dijo esa tarde.

La conversación duró más de dos horas y continuó, con el
grabador apagado, entre cervezas en el bar del hotel. Me atreví
a recordarle nuestro encuentro en Barranquilla. Sonrió. Dijo
que sí, que sí le parecía conocido. Creo que no me creyó que le
creyera. Entonces ahondó: "Fuimos al muelle. Con Pilar, con un
perro Golden, bellísimo". Se acordaba. Felicidad.

—

Volví a verlo tres años después en Buenos Aires. Él era uno de
los invitados de una gran muestra cultural de Colombia que
incluyó retrospectivas de cine, artes visuales, presentaciones de
bailes y obras de teatro. Yo era un periodista que debía cubrir
las jornadas.

La noche de su conversación hubo gente de pie en el Salón
Dorado de la Casa de la Cultura. Una señora abandonó el lugar
cuando lo oyó decir que el cáncer de Chávez era lo único bueno
que había hecho Dios. Que él no creía en Dios, pero le gustaría
que existiese porque si existía Dios, habría cielo, y si hubiera
cielo, habría entonces infierno, y allá se estaría quemando por
la eternidad Octavio Paz.

En la capital argentina se vio a un Vallejo sonriente y accesi-
ble, que incluso fue a varias presentaciones y se animó a tocar

el piano durante un recorrido por el Teatro Colón. "Por desocupado iría hasta a un entierro si me invitaran", me dijo. Habíamos convenido una entrevista durante el desayuno bajo la condición de que grabara y reprodujera textualmente sus palabras.

> R. CASTRO: *Ha escrito cuatro novelas sobre el tema de su muerte. ¿Siente que se le escapa lo que quiere contar sobre el tema?*
>
> VALLEJO: Lo que tengo claro es que no puedo escribir sino sobre eso porque ya me voy a morir. Lo he tratado antes y cada día soy más consciente de cómo me repito y de cómo me estoy repitiendo. Pero ¿quién no se está repitiendo toda la vida? Nos repetimos todos los días. Cambiamos un poquito de lunes a viernes, pero en todos los instantes nos estamos repitiendo adentro. Pero son muy distintas las novelas, y esta va a ser muy distinta a las otras tres.
>
> R. CASTRO: *Usted defiende la escritura en primera persona, pero en sus novelas utiliza los diálogos. ¿No es un truco literario darle voz a otra persona?*
>
> VALLEJO: Sí. Pareciera que fuera un truco. Pero hay trucos de trucos. El lenguaje todo es truco, lo que pasa es que hay procedimientos válidos e inválidos. Y la tercera persona es un truco miserable que se está arrastrando más de la cuenta. Esa narración va en contra de la realidad esencial de la vida de uno. Uno puede más o menos sospechar qué le pasa a los demás porque tiene también el lenguaje y por comunidad de sentimientos, pero nosotros estamos aislados, entonces esa novela es mentirosa.
>
> R. CASTRO: *Pero ¿no es también un truco darle voz a otra persona en un diálogo en una novela?*
>
> VALLEJO: Eso es artificioso, pero es un artificio muy humilde, no es pretencioso como el del novelista omnisciente que se cree Dios padre todopoderoso, que está diciendo todos los pensamientos de los personajes y repitiendo diálogos enteros como grabados con grabadora.

Figura 2. Fernando Vallejo con el autor. Cortesía del autor.

La grabación dura 33 minutos. Escucho mi voz joven y dubitativa que intenta ser elocuente. En la grabación lo trato de tú. Esta vez, a diferencia de aquella vez en Barranquilla, hacía cinco años, me aseguré de que quedara evidencia del encuentro. El coreógrafo David Antón, pareja del escritor, nos capturó. Tengo 26 años e intento parecer serio. Vallejo sonríe.

⁓

El vuelo de Buenos Aires a Bogotá es a las 6 de la mañana. La comitiva colombiana iba en la misma camioneta *van* que salió a la madrugada del hotel. Además de Vallejo, están el también escritor William Ospina, el director Luis Ospina y Amparo Grisales —diva de la televisión colombiana y *sex symbol* imperecedero—, quien intenta explicarle al escritor qué es Twitter y para qué sirve. Ella creía que la cuenta que twitteaba citas de sus libros e intervenciones era él: "Seguiré hasta que me muera, matando personas en mi cabeza". "Yo ya no sé dónde meterme en el planeta. Ruido y bribonería es lo que encuentro por todas partes. Y elecciones. Este planetoide del Sistema Solar se la pasa los 365 días del año ejerciendo lo que llaman la democracia, eligiendo hampones".

Pero él ni sabe qué es Twitter ni le interesa "el basurero de internet", como lo llama. Lo que sí usa es un iPod que lo tiene feliz porque contiene toda la música que le gusta.

—¿Qué música lleva Fernando Vallejo en su iPod? —le pregunto en tercera persona.

—¡Es una maravilla! ¡Mira! —me dice mientras me entrega los audífonos—. "Se va el caimán" en la versión de la Billo's Caracas Boys. Súbele y oye esa versión. ¡Es maravillosa! —Todavía está oscuro. La mayoría mal duerme. Vallejo, 70 años, parece un niño emocionado que comparte un secreto cuando le pregunto si me dejaría copiar su biblioteca.

La carpeta que ahora reviso tiene 273 ítems que ocupan 4.55 GB en mi memoria, una colección dominada por música en español —rancheras, boleros, tangos, alguna milonga, porros, cumbias— y, en menor medida, por la música clásica —Mozart, Beethoven, Tchaikovsky—. Ahí están algunas de las canciones que Vallejo mencionó en 2011 en el homenaje a México y su música popular, que fue su discurso cuando recibió el premio de la FIL.

Llegamos al aeropuerto de Ezeiza y, antes de abordar en la nave de Avianca, se da cuenta de que su tiquete es de primera clase, por lo que se separa del grupo: "Ay, pero yo no quiero separarme de ustedes. ¿Por qué no hacemos turnos? De media *horita* pa cada uno. Así todos viajamos en primera", dijo, minutos después nos abrazó al despedirse.

—

Aquella tarde de 2014 cuando los jóvenes esperaron en la noche helada para verlo, Fernando Vallejo había leído un monólogo que atacaba, sobre todo, al entonces presidente Juan Manuel Santos y las negociaciones de paz entre el gobierno de Colombia y las FARC que avanzaban en La Habana. Hubo aplausos, sí, pero el entusiasmo era notablemente menor. La mayoría del auditorio parecía apoyar el proceso de paz, por lo que resultaba incómodo el ataque. Esperaban con las manos listas al aplauso para celebrar cuando atacara algún enemigo común: la iglesia, los políticos, el Procurador... pero había dudas en los aplausos desordenados y tímidos cuando el blanco era el proceso de paz, o cuando —irónicamente— defendía a Álvaro Uribe. Vallejo terminó pidiendo a los colombianos votar en blanco. "Copartidarios: somos los únicos limpios aquí. Somos el Partido Colombiano del Voto en Blanco, el Pe Ce Ve Be. Somos tan decentes que ni registro tenemos ni candidatos... tenemos que ganar con más del 50 % de los votos válidos para anular estas elecciones e inhabilitar a estos asquerosos".

Dos años después, lo vi por última vez en el mismo auditorio en otra Feria del Libro de Bogotá. Como siempre, hubo lleno total y vítores y ovación de personas que se pusieron de pie, y hubo también carpas llenas de gente frente a pantallas gigantes donde transmitían su monólogo. Y lo vi. Y lo escuché. Pero esta vez me fijé más en las reacciones de quienes escuchaban las palabras que en quien las profería. Me sentí como repitiéndome una película. Al salir, volví a ver a los jóvenes que armaban la fila para pedir su autógrafo. Con ese brillo en los ojos que muestran los niños ante un mago, así se los veía. Así me veía. Así me vi. Aprieto los ojos y tengo 23 años y no los 31 que tengo esa tarde. Y ahí me veo con los libros subrayados y tachados en la maleta que cargo con la esperanza, ¡ay!, de que me firme, por favor, maestro, alguno.

Los veo en la fila.

Y me da envidia su entusiasmo.

Y me gustaría volver a sentir esa ilusión.

Pero no hay tal.

Una amiga me preguntó si esta vez no lo iba a ver, a lo mejor podía entrevistarlo otra vez. Su entusiasmo por mí era genuino. "No. Esta vez no", le contesté.

Un crítico de libros escribió que Vallejo era mejor que García Márquez. Era una afirmación hiperbólica en una revista que publicaba ese tipo de artículos cortos semiprovocadores y políticamente incorrectos: "Contra la bandera nacional", "Elogio del viejo verde", "Diatriba contra el nadaísmo". La nota de opinión, breve, señalaba algo que parece haberse cumplido: "En el siglo XXI la ficción seguirá perdiendo terreno y aumentarán las biografías, las crónicas, los libros de memorias históricas, 'la escritura de la vida'. García Márquez es un clásico; Vallejo prefigura el porvenir".

Y pienso en la cantidad de obras de autoficción que se han publicado en los últimos años y me pregunto si no será cierto eso. Sé que mi encandilamiento con su obra fue por la maravillosa sensación de estar leyendo una voz única y radicalmente diferente a lo que había leído antes. Una prosa descarrilada y sonora que estiraba los límites que conocía del español. Un mazazo estético que no he vuelto a sentir desde entonces.

En el computador abro la carpeta con su música, reproduzco una canción y oigo la voz de Julio Jaramillo, y ya no me la podré sacar en toda la tarde. Como al narrador de *La Virgen de los sicarios*, los ojos se me encharcan de lágrimas mientras vuelve a sonar a tumbos, en mi corazón rayado, ese "Senderito de amor":

> Un amor que se me fue
> Otro amor que me olvidó
> Por el mundo yo voy penando.

Las botas de Lola

Fátima Valdivia

Esta historia es parte de las reflexiones acerca de mi trayec-
toria en la región Tarahumara, en México. Es parte de mi
disertación en la que analizo temas de raza, de género y de
colonialismo como instrumentos de dominación por parte
de los narcotraficantes u los indígenas rarámuri.

"GRAN BAILE DE LOS TIGRES DEL NORTE", anuncia-
ban las estaciones de radio y los pósters pegados en las calles
de la ciudad de Oaxaca. Ésta sería mi primera vez en un concierto en vivo y mi primera vez usando unas botas vaqueras. A
media tarde comencé a alistarme para el tan esperado evento.
Abrí la puerta del clóset, tomé unos pantalones de mezclilla,
una camisa de franela a cuadros y una caja grande donde las
guardaba.

Destapé la caja y las admiré. ¡Realmente me gustaban! Eran
unas botas café claro a media pantorrilla, con una punta ligeramente estrecha y cuadrada. Estaban hechas de piel suave y
firme, adornada por bordados abstractos que apenas se distin-
guían. Eran unas botas discretas, pero para mí representaban
la identidad norteña. Mientras las admiraba, recordé mis días
como voluntaria en la sierra Tarahumara. Recordé a Lola. La
vi ahí, afuera de su casa, manipulando con determinación una
escoba y derramando el agua de un balde para limpiar su pór-
tico. Se me apretó el corazón.

Lola era una mujer joven, de alrededor de 30 años, delgada y morena. Vivía en una de las casas grandes de la comunidad. Yo llegué a este lugar en el 2009 para trabajar un año como voluntaria de la parroquia. "Pásele a tomar un café", era su habitual saludo. Así me gritaba cada vez que me veía pasar por las mañanas para tomar la ruta, mientras ella limpiaba. "No puedo, Lola, me va a dejar el camión", fue siempre mi respuesta. Lo cierto es que no quería tener relación con ella. No era que Lola me cayera mal; ella siempre me pareció muy amable y, en el fondo, me hubiera gustado conocerla. El problema era su marido.

Lola estaba casada con Pedro, un hombre mestizo de tez clara, que le doblaba la edad. Mi trabajo en la comunidad consistía en asesorar a la población rarámuri en sus problemas legales, muchos de los cuales tenían que ver con el territorio y la protección de los bienes naturales. En esta labor era común interactuar con las autoridades ejidales, integradas todas ellas por hombres. Varias personas acudían a mí quejándose de lo que consideraban malos manejos en la administración del ejido y por la actitud abusiva de algunos administradores, entre ellos Pedro. Yo misma me sentía intimidada al tener contacto con él. Percibía de inmediato que ser mujer y joven —yo tenía 25 años entonces— jugaba en mi contra. Las pocas interacciones que tuvimos fueron para recibir de su parte miradas incómodas y comentarios racistas en relación a la población rarámuri. "Qué bueno que usted viene a ayudar a los *tarahumaritos*, ellos no saben nada, no son como uno que es gente de razón", era uno de sus recurrentes clásicos comentarios. En lo posible, prefería evitar cualquier tipo de cercanía con él.

Ser mujer joven, soltera y fuereña en estos espacios es complejo. Siempre tuve que estar atenta a mi comportamiento y apariencia. Cualquier cosa podía ser interpretada como una provocación. Tenía que cuidar cómo vestir, con quién conversar, dónde y por cuánto tiempo. Tenía que moderar mi carácter. "Trata de no sonreír demasiado, porque esto puede confundir a los hombres", fue una de las primeras recomendaciones. Mi trabajo como abogada hacía complicadas muchas de estas tareas. La mayoría de las autoridades locales las representan hombres, y la interacción con ellos es inevitable. Para cuidarme, otra de las voluntarias de mayor edad solía acompañarme en cada ocasión que tenía que buscarlos en privado: "Te acompaño para que no te vean sola", me decía. Aun así, para algunas de las mujeres casadas mi presencia representaba una amenaza, y para algunos de los hombres, una oportunidad, independientemente de su edad y estado civil. Lo común era ser blanco de insinuaciones y acosos. Poco a poco fui aprendiendo que, en este contexto marcado por las relaciones interraciales, las jerarquías masculinas y el tráfico de drogas, el respeto hacia una mujer depende de si está o no bajo la tutela de un hombre y del poder social que dicho hombre detenta. No es lo mismo estar bajo la *protección* de un hombre rarámuri que de un mestizo. En mi caso, lo único que me daba relativamente un respaldo era mi asociación con la Iglesia.

Pasados algunos meses de mi llegada a la comunidad, se celebró una boda. Toda la población fue invitada, incluida yo. Ésa fue la primera vez que participé en un evento de esta naturaleza y que interactué socialmente con los hombres de la comunidad. Una fiesta era el evento en el que mis vulnerabilidades eran más obvias. Ahí se podían dar interacciones no deseadas, difíciles, muchas de ellas motivadas por el alto consumo de alcohol. Insistencias para bailar, acercamientos incómodos y violentos al bailar, miradas lascivas, piropos. Preferí resguardarme entre el círculo de señoras. Ese fue el espacio para coincidir con Lola y tener una pequeña conversación más allá de los saludos matutinos.

—Qué bonitas botas —le dije en cuanto la vi, como una manera de iniciar conversación.

Ella de inmediato respondió tratando de quitárselas:

—Pruébeselas, ¿de qué número calza usted? Seguro que sí le quedan. —Su respuesta me sorprendió, y como pude la convencí de que no se las quitara.

—No, Lola, por favor no te las quites. Se ve que son pequeñas y yo calzo del cuatro y medio, para nada me van a quedar. —Ella sonrió y unos minutos después se levantó de la silla para bailar con Pedro. La fiesta siguió su curso hasta la madrugada.

Una semana más tarde, Lola llamó a mi puerta, lo que me sorprendió muchísimo ya que nunca me había visitado. "Vengo a traerle esto —me extendió los brazos entregándome una gran caja cuadrada—. Le dije a Pedro que a usted le habían gustado mis botas, y él luego me dijo: 'Pues hay que comprarle unas, porque esa licenciada es muy buena con nuestra gente'". No supe qué hacer. ¿Por qué Pedro quería regalarme unas botas? ¡Apenas y me conocía! Pese a mi insistencia, esta vez no pude convencer a Lola de no dejármelas o de cobrármelas. Las acepté culpable. Quizás éste era el primer acto de compra de conciencia. "Ya te compraron con unas botas", solía bromear el sacerdote luego de que le conté lo sucedido.

Poco más de un año después de mi llegada a la comunidad, mi voluntariado llegó a su fin y tuve que trasladarme a otra localidad para trabajar. Nunca volví a conversar con ella ni me puse las botas. Unos meses después, Lola y Pedro fueron asesinados en la entrada de su casa. "Una cruz de madera de la más corriente", cantaba el grupo norteño que acompañó su último adiós. Una gran cantidad de gente se reunió para despedirles. Yo también fui a decirles adiós. Permanecí de pie en aquel patio de la casa, observando la despedida sin preguntar qué había pasado. Pensaba en Lola, en sus últimos momentos, sin hacer conciencia del todo de nuestros encuentros.

"Gran baile de los Tigres del Norte"

Dos años después, decidí usar las botas por primera vez. Durante todo ese tiempo representaron grandes contradicciones en mi vida. Por un lado, los retos implícitos al ser una mujer mestiza trabajando con la población indígena en la sierra tarahumara. Las botas vaqueras en este contexto representan la identidad mestiza, principalmente la masculina. Cuando un hombre rarámuri las utiliza, la gente suele decir que se "achabochó", o sea, que se está haciendo 'chabochi', mestizo. Yo no quería representar ese universo simbólico. Era difícil verme como una mujer mestiza con oportunidades, entre ellas la posibilidad de usar unas botas vaqueras.

Las botas también representaban mi no pertenencia a la región tarahumara y me asociaban con una identidad norteña mestiza, una identidad a la que me sentía atraída por su historia y su franqueza, pero que, como mujer nacida y criada en el centro del país, me era ajena. Usarlas me hacía sentir una impostora y, quizás, una vendida, ya que me las había comprado un hombre que encarnaba los diferentes poderes contra los que yo luchaba en la región: el abuso hacia las mujeres y hacia las poblaciones indígenas.

Finalmente, las botas también representaban las dificultades que limitaban mi desempeño profesional, me hacían vulnerable y me impedían conectar con mujeres como Lola por el riesgo de ponerme en el radar de sus maridos. Esas botas me hacían pensar en todos los cafés que no acepté compartir con ella por temor, por prejuicio. Me enfrentaron al hecho de que yo permití que su relación con un hombre abusivo decidiera por mí, sin reparar en que quizás era su única opción para tener un lugar de respeto en la comunidad. Me delataron como cómplice del silenciamiento y aislamiento de las mujeres cuya relación de pareja se convierte en un estigma que les roba la oportunidad de escucha. La conexión breve con la vida de Lola me empujó a revisar cómo este contexto que naturaliza y silencia las relaciones violentas y abusivas entre hombres y mujeres, y entre mestizos e indígenas, influyen en mi labor como investigadora y defensora de derechos humanos. No solo limitándola, sino incluso dándome un lugar privilegiado en distintos momentos.

Esa noche de baile decidí romper el hechizo. Sujeté las botas y con fuerza introduje mis pies en ellas. Me sentí muy bien. Me sentí valiente y digna de una buena noche de baile. Cuatro horas de empujones en una explanada polvorienta fueron el resultado. Unos meses después regalé mis botas a una hermana norteña, alguien que en ese momento pensé, se las merecía más que yo. Ahora las echo de menos. Después de once años de trabajo en la región tarahumara, sé que yo también soy una mujer del norte. Lo sé, no solamente porque Lola me compartió esa identidad tan suya a través de las botas, sino porque en la sierra Tarahumara se forjó una gran parte de lo que soy ahora. Ahí maduró mi alianza con las luchas por los territorios indígenas y crecí como defensora de derechos humanos. Ahí fui duramente cuestionada y me transformé. A fuerza de trabajo, celebración y respeto a lo diferente, aprendí a amar esa tierra, y ahí encontré el sentido de vivir, servir y sonreír con plenitud.

Campo y ciudad:

ficción de las dos caras de América Latina

El piñal

Vera Estrada Burrows

EL INCENDIO EMPEZÓ en lo que antes era el piñal de don Sandro. Los refugiados de la guerra de plano no rondaron. Rafael supuso que por haraganes no lo hicieron. O tal vez, adivinó, los irresponsables no sabían lo que era rondar, mucho menos cómo hacerlo. Ese era parte del problema. Alguien debería enseñarle a esta gente qué hacer con la tierra, a cómo ser responsables, a cómo trabajarla.

No era que Rafael fuera un gran finquero con pisto que se las sabía todas. Apenas tenía una parcela de un par de caballerías. Magda, su señora, se quedaba en la casa en la capital, a dos horas de viaje, porque ella no soportaba el calor sofocante de la costa del Pacífico de Guatemala. Solo él viajaba cada semana a Escuintla a cuidar sus tierras, a lidiar con los problemas que surgían casi a diario por no tener más capital para invertir y para contratar más corraleros.

Era un verano seco. El pasto de los potreros de Rafael estaba tan seco que ni sus vacas muertas de hambre lo querían. No eran babosas. Bien que crujía el zacate bajo las botas puntiagudas de Rafael. En su desesperación, él y sus corraleros estaban en

el corral picando zacate y mezclándolo con melaza con la esperanza de que el ganado sobreviviera lo que quedaba del verano.

—¿Quién está quemando? —le preguntó Rafael a Calixto,
uno de sus corraleros. Rafael le señaló con el mentón la columna
de humo negro que había empezado a subir como a menos de
medio kilómetro.

—Son los refugiados, don Rafa —le contestó Calixto—.
Están quemando para sembrar maíz y frijol.

—Puta, ¿y no saben éstos que el invierno no entra hasta dentro de tres meses? —dijo Rafael alzando la vista. Ni por joder se
asomó al cielo una nube ese día y la fuerza del sol marchitaba
todo en su camino—. ¿A quién jodidos se le ocurre quemar a
mediodía?

Calixto le dio una mirada de pocos amigos al Fausto, el otro
corralero.

—Yo se los dije, don Rafa —contestó Fausto, levantando las
manos como para defenderse—, pero ellos me dijeron que no
me metiera en lo que no me importa.

—¿Y por lo menos les dijiste que rondaran? —Rafael se quitó
el pañuelo empapado que tenía amarrado en el cuello y se res-
tregó la cara con saña. La sal de sudor le raspó la piel dejándola
ardida.

—Pues sí, don Rafa —dijo Fausto—. Dijeron que lo iban
a hacer. También me dijeron que me iba a ir mal si los seguía
chingando.

Rafael no estaba en contra de que los refugiados recibieran
tierras del gobierno. Al menos, no del todo. La guerra civil había
terminado y uno de los acuerdos entre la Unión Revolucionaria
Nacional Guatemalteca (URNG) y el gobierno era que todos los
guerrilleros y refugiados desplazados por el combate armado
recibirían tierras. Cada hombre adulto que había luchado en
la guerra, ya fuera en la guerrilla o en el ejército, recibiría una
parcela de tierra y cierta cantidad de pisto. El problema que veía
Rafael era que la guerra había terminado ya hace más de once
años y el *Conejo* Berger seguía repartiendo tierras a diestra y
siniestra. Como la tierra no era de él, y las elecciones presiden-

ciales estaban a la vuelta de la esquina, le era fácil al Orejón hacerse el generoso.

Hace tres años Felipe dejó su empleo de corralero con Rafael porque el Ministerio de Agricultura le notificó que ya estaban listos su pisto y sus tierras. En ese entonces Felipe tenía apenas 19 años.

—¿Y vos, Felipe? —le dijo Rafael—. No me digás que vos de mocoso luchaste en la guerra.

Felipe le dio una sonrisa dentuda.

—Por supuesto, don Rafa. Yo patrullaba para los kaibiles. Yo era de los huevudos.

—Cuidá tus tierras, Felipe. Yo sé lo que te digo. Y allí invertís bien tu pisto. No hay pisto eterno si lo malgastás.

Eso fue lo último que le dijo Rafael y no le volvió a ver la cara hasta hace como un mes, cuando Felipe regresó a la finca a pedirle trabajo y un préstamo.

—Bueno vos, ¿y qué te pasó? Tenías tierras propias y pisto, ¿o no te lo dieron?

Felipe levantó los hombros.

—Bien, don Rafa, pero las siembras se me echaron a perder y tuve que vender todo para ayudar a mi mamá y a mis hermanas que estaban bien enfermas, usted sabe. Y en eso fíjese que la cabrona de la Carmen se peleó por el pisto con mi madrecita enferma, y al final se fue a la mierda con mis patojos. Pero el Ministerio ya me dijo que me iba a dar más tierras en cuanto llene la papelería correspondiente. Ya merito. Ya va a ver usted.

—Pues, lo siento que lo perdiste todo —le dijo Rafael—, pero no le dio ni trabajo ni pisto. En su tiempo, Felipe fue un buen trabajador, pero para Rafael él ya no era el mismo.

Pero el Fausto luego le llegó a Rafael con el chisme. Resultó que Felipe se gastó el pisto en mujeres y guaro hasta que su mujer lo echó de la casa que le logró sacar. Cuando se le acabó el dinero, Felipe taló todos los árboles de la parcela y los vendió como leña. Y como es la costumbre, le pegó fuego a todo para sembrar maíz. Como si fuera poco, sacó préstamos para comprar semilla y un tractor nuevo. La primera cosecha le falló y

también la segunda y la tercera. Los prestamistas se le amonto-
naron y lo obligaron a vender la parcela para pagar sus deudas.

La invasión de refugiados continuaba por todo el territorio
nacional, pero Rafael nunca se imaginó que se le iban a meter
a la vecindad, al piñal viejo de don Sandro.

Don Sandro le vendió su finca de cuatro caballerías al
gobierno, y el Conejo, con una velocidad de relámpago que
Rafael jamás le había visto a un presidente, la dividió en parce-
las y las distribuyó entre los refugiados. De pura casualidad, el
proyecto salió por televisión justo a tiempo para las elecciones.
Hasta don Sandro salió en un campo pagado diciendo que era
su más tierno anhelo el poder ayudar a los pobres refugiados.
"Pobrecitos", eso decía de los mismitos refugiados que por más
de una década don Sandro había dicho que eran un puño de
indios cerotes que solo eran unos parásitos de un país ya mori-
bundo por tanta corrupción.

—Sacá las bombas y la gasolina —le dijo Rafael a Fausto. Le
duró poco el alivio que sentía por tener combustible almace-
nado—. ¿Chequeaste los motores?

—Sí, don Rafa. Los chequeé la semana pasada cuando usted
me mandó.

Al rato vieron que se asomaba una gran pared de fuego del
piñal. Venía el incendio como si el mismo diablo lo viniera
corriendo y acabando con todo: zarzales, palos de morro y hasta
el estiércol dejaba en brazas.

—Calixto, llevate a la yegua y revisá los cercos —le dijo
Rafael. Para ese entonces Fausto ya había llegado con las bombas y se pusieron a revisarlas. Las dos arrancaron, pero luego
regresó Calixto espantado. A la pobre yegua le corrían ríos de
sudor a lo largo del pescuezo mientras bufaba.

—¡Don Rafael! ¡Los cercos! ¡Ya no están! —le gritó Calixto,
limpiándose la frente con la manga de su camisa sucia—. El
fuego se los comió y todo el potrero está negro negro, y ¡ya se
nos viene encima!

—¡Ve que hijos de puta! —Rafael dijo y se volteó a ver a
Fausto—. ¿Y no que esos mierdas habían rondado, pues?

—Pues, eso fue lo que me dijeron, don Rafa —dijo Fausto mientras se arreglaba su sombrero viejo de petate.

Para Rafael ya no había tiempo ni para pensar.

—Llevate el ganado al potrero del río —Rafael le dijo a Calixto—. Vos, Fausto, llevate las bombas a ese mismo potrero y empezás a empaparlo con agua del río. ¡Pero ya, pues!

—Pero, don Rafa, ¿cómo van a caber doscientas cabezas de tres potreros en uno solo? ¿Y está seguro que quiere a los dos toros juntitos?

—Como usted diga, don Rafael, se dice, vos —dijo Calixto, dándole a Fausto una mirada hostil—. Mire, don Rafa, sepa que hasta bolas de fuego se ven rodando de los potreros del norte. —Le dio vuelta a la yegua y salió a todo galope del corral.

Rafael se le quedó viendo, más preocupado que enojado. Nadie puede apagar ese tipo de incendios. Toman su curso y solo dejan carbón en su camino hasta que mueren a la orilla de un río. Tal vez Rafael todavía lo podría controlar, pero necesitaba tiempo.

En ese instante, una brisa ahumada le sopló la cara y Rafael cerró los ojos del ardor y de la frustración que le apretó el pecho.

—¡Mierda! —Rafael vio, con un nudo que le arañaba la garganta, cómo el viento agarraba fuerza y soplaba entre los mangales. Las ramas se movían como manos que invitaban las llamaradas hacia el río.

Gracias al Conejo y su generosidad, las últimas tres décadas de la vida de Rafael se empezaron a carbonizar ante sus ojos. Lo que más le dolía es que ahora tenía que vender su ganado huesudo antes de que se le muriera de hambre. Cualquier carnicero le iba pagar una mierda por su desesperación. ¿Qué le iba a decir a Magda?

—Don Rafael —interrumpió Fausto—. Mire, ¿es esta mala hora para pedirle un aumentito?

Black Rose

Pilar V. Martínez

ANDREA

Junio 2018

Todo empezó cuando me cambié de casa. Mi vieja ya estaba harta de vivir arriba de una botillería. No tanto por el que dirán, sino por la inseguridad que conlleva vivir en un barrio popular con una *boti* justo debajo de tu casa. Los que han vivido de Plaza de la Dignidad para abajo entenderán lo que esto significa. Siempre que llegábamos del trabajo o el liceo había al menos un par de borrachos afuera. En el mejor de los casos eran solo viejos que apenas podían levantarse y que pedían alguna moneda para seguir tomando. En el peor... ya se imaginarán. Teníamos que inventarnos algo para esperar hasta que los hombres o las trabajadoras sexuales que se ponían en esa esquina se fueran, entonces meter la llave y entrar a la casa. Una mujer soltera, trabajando de secretaria, con una única hija adolescente en la casa, era el escenario perfecto para que un huevón rancio hiciera algo.

No tengo tantos recuerdos de esa casa, en parte porque quise borrarla de mi memoria. Eso sí, recuerdo las noches que pasábamos con mi mamá abrazadas en ese colchón, en el piso de la habitación. Sus brazos se sentían tan acogedores y calentitos, que era más que tener cuatro guateros juntos. Sin embargo, el barrio me deprimía. No me juntaba con nadie; del colegio a la casa, de la casa al colegio. A veces algunos compañeros intentaban formar amistad y me hablaban, pero nunca fui a nada de lo que me invitaban. A la larga, ya sabía lo que buscaban. La mayoría iba a fumar pasta al parque abandonado, al lado del colegio, aunque más que parque era un basural a estas alturas. No me importaba que lo hicieran ni pensaba que estuviera mal, solo que me la pasaba mejor sola.

Lo que más recuerdo es el día que se inundó todo por una mala filtración del baño. El *living* estaba lleno de agua, también la habitación y con eso el colchón en el que dormíamos. Recuerdo que me puse a secar todo lo que podía. Era de noche, probablemente alrededor de las ocho, que fue cuando llegamos a la casa luego de haber ido al trabajo y yo al liceo. Puse la ropa de cama en una bolsa para llevarla a la lavandería al día siguiente. Mientras tanto, mi mamá barría toda el agua escaleras abajo. Había alrededor de unos 20 escalones desde la puerta, ubicada al lado izquierdo de la *boti*, hasta la segunda puerta que daba a nuestra casa. Al menos teníamos una segunda puerta. Eso impidió más de una vez que un extraño entrara.

Vivimos ahí hasta mis 13 años, que fue cuando a mi mamá le salió otro trabajo y pudo ganar un poco más de plata. Con eso también me cambié de colegio, aunque seguí igual de antisocial que antes. Tal vez me mal acostumbré. Mis compañeres eran más tranquiles y el barrio también. Ya estábamos un poco menos abajo de Plaza de la Dignidad. A los 15 tuve mi primer amigo, el Leo. Me hablaba todos los recreos. Un poco fue gracias a esa insistencia que le caracterizaba que pudimos enganchar. Éramos lo contrario en ese sentido. Si nadie me hablaba, yo no le hablaba a nadie. No por timidez, sino que, como dije, era antisocial. Me convenció de seguir la conversación cuando me mencionó *Ergo Proxy*, dijo que acababa de lanzarse y ya se podía ver en plataformas de *streaming* ilegales. No podía creer que alguien más conociera ese animé. Compartíamos además gustos musicales. Nos hicimos cuenta en Last.fm y espiábamos qué escuchaba el otro. Las cinco bandas que nunca desaparecían de su "Top Artists" eran Black Flag, C. J. Ramone, Bad Brains, Violent Apathy y My Bloody Valentine. Una vez al mes tenía su momento *emo*, que era cuando escuchaba My Bloody Valentine. Era como si le llegara la regla también. A veces hasta nos sincronizábamos. En mi perfil siempre aparecían Misfits, Bad Religion, Suicidal Tendencies, My Bloody Valentine y Sonic Youth. Empezó a haber algo más que una amistad cuando cumplí 16, que fue cuando tiramos por primera vez en su pieza. Era el ático de su casa. Nunca fuimos pareja oficial pero estábamos juntos. Libres.

"Me voy a Rusia", me dijo a los 18. Ya estaba harto y quería irse. Quería aprender ruso y aprender de los marxistas-leninistas de primera mano. De alguna manera había logrado que le dieran una visa de turista y luego, una vez allá, iba a ver cómo lo hacía. "Vente conmigo", dijo ese mismo día después de que acabábamos de follar en ese ático y estábamos desnudos sobre su alfombra. Me quedé callada. Sí, lo amaba, de una forma poco convencional, pero... Rusia, con todos sus machos, no me convencía.

—Ya vamos —le dije al mes, dos días antes de que se fuera.

—¿En serio? —me respondió sin parecer muy sorprendido.

—Sí, ya filo. Si no me gusta me devuelvo nomás —le dije, segura de mi decisión.

—Ya —me respondió y me dio un beso en el baño público del bar al que habíamos entrado para tirar.

Pasaron los dos días. Llamé al Uber para que me recogiera de la residencial en la que vivía, cerca de la universidad. Se me había hecho tarde para tomar el bus que me llevaba al aeropuerto. Tenía una *carry-on* y una mochila. El Uber estaba a un minuto de llegar. Me canceló. Llamé otro. Iba tarde, pero alcanzaba a hacerla. Me canceló.

Tiempo después, me uní como vocalista a una banda punk. No volví a hablar con el Leo. Volví a vivir arriba de la botillería.

Alejandra

Octubre 2023

La primera vez que la vi no sabía si mi piel hervía por la rabia, la envidia, los celos o tal vez un poco de todo. Lo único que sí sabía con certeza era que la deseaba. Quería traspasar ese escenario y tocarla.

La memoria nunca ha sido mi aliada. No recuerdo la fecha del concierto, aunque podría encontrarla fácilmente si quisiera. No quiero. Siempre me quejo de mi memoria, pero la verdad es que prefiero olvidar y recordar detalles absurdos que probablemente nadie siquiera notó. Recuerdo, por ejemplo, el color de las flores que estaban al lado de la banca donde me fumé mi primer porro —por supuesto no recuerdo el día, ni el mes, y dudo rotundamente de mis creencias sobre el año en que sucedió—. Recuerdo el olor de la casa de mi amiga del colegio cuando íbamos en cuarto básico. Recuerdo la marca de mis primeros lápices de colores. Recuerdo el nombre de la azafata de mi primer vuelo internacional. Recuerdo la textura del palto al que me subía cuando iba a la casa de mi abuela, y que tenía la rama que parecía un hipopótamo. Recuerdo el dolor de estómago del Derby que me fumé bajo una escalera a los 14 años.

De la noche del concierto tengo varios recuerdos de ese tipo. Había una luz violeta que apenas se vislumbraba, al lado de las luces más brillantes y amarillas que se tomaban el escenario. Esa luz violeta le alumbraba directamente la cara, de manera que lograba ver sus párpados y hacía resaltar la sombra de ojos que llevaba del mismo color de la luz. Sus labios rojos combinaban con los cordones de sus bototos Dr. Martens negros y con un *sticker* en su guitarra de la bandera rojinegra antifacista.

¿Cómo lo hizo Nancy para pasar de ser una *groupie* molestosa a tener la relación más intensa que Sid había tenido? Destructiva, sí, pero relación al fin y al cabo en la que pensaba mientras escuchaba la batería comenzando la siguiente canción. Ella tenía sus ojos cerrados mientras esperaba su momento de entrar, abrir sus labios rojos y transformar en sonido sus vibraciones internas en el pequeño y sucio espacio que nos albergaba esa noche. Aunque no había mucha gente, estábamos sudando por los saltos de la gente al ritmo del clásico bajo de banda punk y por la concentración del calor, característico de un antro sin ventanas.

Se apagaron las luces junto con los instrumentos. Solo quedó la luz violeta. Ella cerró sus ojos una vez más, y sus pestañas negras parecían aun más grandes al mimetizarse con su cabello liso del mismo color, que pasaba por muy poco sus orejas llenas de *piercings*.

Me resigné y, con su imagen en la cabeza, me fui al baño antes de que se llenara. Tal vez puedo hacer lo mismo que Nancy, y venderle yerba o algún otro estupefaciente para hacer contacto. No traía nada. Con dificultad me levanté las mangas de mi chaqueta de cuero para lavarme las manos, y me acomodé el peto rojo que ya dejaba ver casi la mitad de mi teta con todos los saltos y golpes entre el público.

Me fui a la terraza para fumarme un cigarro e irme a la casa para seguir pensando en ella en mi cama. "¿Hola, me *dai* un cigarro?", me dice una persona que, al rato después, entró detrás de mí. "Sí, obvio", le digo mientras me doy vuelta para pasárselo. Era ella y ahora me miraba fijamente con una sonrisa coqueta.

Autores

Richard "Ricky" Ardila
Estoy en mi tercer año de doctorado en el Departamento de Español y Portugués, en la Universidad de Texas en Austin. Estudio Televisión, Cine y Cultura Contemporánea de España y Latinoamérica. Me interesa la representación de los afrocaribeños en las series españolas y, cuando no estoy enseñando o estudiando en la universidad, me encanta viajar, jugar al tenis, probar nuevas comidas y pasar tiempo en mis dos ciudades queridas: Houston y Madrid.

Maribel Bello
Soy etnógrafa, escritora e investigadora de afectividades, vida cotidiana y violencias subjetivas en comunidades vulnerables, principalmente en experiencias de migración emocional entre Austin (EE. UU.) y Guanajuato (México). Egresé de la Universidad Nacional Autónoma de México y de la Universidad de Texas en Austin. Actualmente realizo el doctorado en Escritura Creativa en la Universidad de Houston, donde soy parte del equipo de investigación del Recovering Hispanic Heritage, Arte Público Press.

Lissette Caballero
Me gradué de la Universidad de Texas en Austin en mayo del 2022. Todavía no sé qué voy a hacer, pero deseo viajar mucho

antes de empezar mi trabajo en una oficina como consejera en Educación.

Myrnalejandra "Kiki" Canales-Gutiérrez

Mis padres son mexicanos, pero yo nací y crecí en la ciudad de Laredo, Texas. Me gradué de la Universidad de Texas en Austin con una licenciatura en Inglés, Español e Italiano. Ahora, planeo tomar un año y medio de descanso antes de empezar el doctorado en Literatura Comparada. Durante este tiempo, espero viajar a Europa para fortalecer mi italiano y decidir cuál será mi enfoque académico/literario durante los siguientes años.

Ricardo Castro Agudelo

Nací y crecí en Bogotá, Colombia. Lloré cuando murió el coronel Aureliano Buendía, cuando Don Quijote fue derrotado en Barcelona y al leer algunos pasajes de la obra de Fernando Vallejo, mi primer y último gran amor literario. Hoy vivo, leo y escribo en Austin, Texas, donde curso el doctorado en el Departamento de Español y Portugués, en la Universidad de Texas en Austin. Me interesa el potencial de la literatura, las imágenes y el periodismo para imaginar las vidas de otros.

Drew Colcher

Soy estudiante de posgrado en la Universidad de Texas en Austin, en el Departamento de Español y Portugués. Mi trabajo académico se enfoca en el contacto y el cambio lingüístico, la sociolingüística y el español de los Estados Unidos. Nací en Wichita, Kansas, y en mi tiempo libre me gusta tocar la guitarra y la batería.

Vera Estrada Burrows

Soy californiana e hija de padres guatemaltecos. Me crie en Estados Unidos y en Guatemala. Obtuve mi licenciatura en Literatura Comparada e Inglés y Escritura Creativa en la Universidad de California, Los Ángeles. Actualmente soy estudiante del doctorado en el Departamento de Español y Portugués, en la Universidad de Texas en Austin. Cuando tengo suerte, peleo y gano contra el reloj, y encuentro tiempo para escribir cuentos de realismo mágico, ciencia ficción y la guerra civil guatemalteca.

Kyra Fink

Me gradué en el otoño de 2019 de la Universidad de Texas en Austin, donde estudié Sociología y Español. Después de trabajar en ventas y *marketing*, decidí irme a España para enseñar inglés; ahora vivo en Madrid y doy clases de inglés a los *peques*, mejoro mi español y disfruto del estilo de vida madrileño. Me encanta pasar tiempo con mis amigos, leer, practicar yoga y viajar.

Gabriela "Bella" García

Planeo graduarme en mayo del 2022 con una doble licenciatura en Comunicación Política y Español. Posteriormente, quiero ir a la escuela de Leyes con el deseo de trabajar en la legislación migratoria, mientras sigo practicando mis *hobbies*: hacer yoga, leer y viajar los fines de semana.

Sara-Marie Greenman-Spear

En mayo de 2021, me gradué de la Universidad de Texas en Austin con una licenciatura en Historia y Español. Ahora vivo en Los Ángeles y asisto a la Universidad de California, Los Ángeles, donde estudio el posgrado en Historia Latinoamericana. Me gusta estar al aire libre, hacer senderismo, ir a la playa y disfrutar la naturaleza. También paso mucho tiempo cocinando nuevas recetas y leyendo libros de toda clase.

Anna Land

Soy una estudiante apasionada por el Renacimiento y una persona infinitamente curiosa del mundo que me rodea. He tenido varias carreras, desde ser instructora de buceo hasta artista gráfica y fundadora de una organización benéfica para niños. Ningún trabajo ha sido más gratificante que mi papel de ser madre de mi hija, Zoe. Me apasiona comprender las perspectivas de mis semejantes, crear una vida equilibrada con propósito y estar conectada, algo que deseo también para mis seres queridos. Mi próxima aventura se centrará en hacer que el arte y la literatura mesoamericanos sean más visibles y accesibles.

Pilar V. Martínez

Soy escritora, gestora cultural, profesora de lengua e investigadora chilena. Publiqué el poemario titulado *Yerbas de sangre* (2019), además de otros escritos en distintas revistas digitales. Soy cofundadora y editora de la revista latinoamericana de difusión artística y activismos, *Zánganos*. Actualmente curso el doctorado en el Departamento de Español y Portugués, en la Universidad de Texas en Austin. Mi investigación explora los estudios del sonido, el rap, el *performance* y los movimientos de mujeres en América Latina, desde el ángulo de la teoría crítica racial y de género.

Jeanne Muhoza

Nací en la República Democrática del Congo e ingresé al país con mi familia como refugiada; en 2007 vinimos a vivir a la ciudad de Houston. Aunque estudié en un área con muchas desventajas, tuve la oportunidad de asistir a la Universidad de Texas en Austin, una de las mejores en el estado. Estudié Salud y Sociedad, con una especialidad en Español, y obtuve mi licenciatura en diciembre de 2019. Regresé a Houston para continuar mis estudios y comenzar a trabajar. Actualmente estoy solicitando ingreso a una maestría en Medicina mientras trabajo en una agencia de reasentamiento como trabajadora social.

Krisly Osegueda

Me gradué en la primavera del 2022 de la Universidad de Texas en Austin. Estoy emocionada porque después comenzaré mi carrera como maestra de Español. A través de mi carrera, espero ayudar a estudiantes que estén enfrentando la misma batalla que yo pasé. Además de la educación, mis pasiones incluyen ir al lago con mis amigos y ver series y películas en Netflix.

Gabriela Polit Dueñas

Soy profesora del Departamento de Español y Portugués y pro-
motora de la Iniciativa de Escritura Creativa en Español en la
Universidad de Texas en Austin. Además de libros y artículos
académicos, he publicado dos libros de cuentos, un poemario
y una novela. La mejor experiencia que tengo como profesora
es facilitar a los estudiantes las herramientas para contar sus
historias y enseñarles que en grupo se escribe mejor.

Maritza Inés Ramírez

Recientemente me gradué de la Universidad de Texas en Austin, con una licenciatura en Desarrollo Humano y Estudios
Familiares y otra en Estudios Mexicanoamericanos. Vivo en
California, donde trabajo como asistente de maestra de Educación Especial. En el futuro, me veo ejerciendo como consejera
universitaria, pero por ahora continúo trabajando con estudiantes y enfocándome en mi escritura.

Monserrat Ramón

Me gradué de la Universidad de Texas en Austin en mayo del
2021, con una carrera en Relaciones Internacionales y Negocios.
Desde entonces regresé a Del Rio, Texas, la ciudad fronteriza en
la que crecí, donde trabajo como asistente de un agente aduanal
de ciudad Acuña, Coahuila, en México. Me dedico a manejar
las importaciones y exportaciones principalmente de empresas
mexicanas. Mis pasatiempos favoritos son leer y hacer manua-
lidades. También me apasiona el arte y disfruto aprender sobre
piezas y artistas, tanto contemporáneos como del pasado.

Mary Stycos

Soy orgullosamente del estado más chiquito de los Estados Unidos, Rhode Island, pero he vivido en Nueva York, Quito, Ciudad
de México y Rio de Janeiro, entre otras. Ahora me encuentro
en la isla de Martha's Vineyard, donde estoy aprendiendo a
sobrevivir en un lugar con solo diez mil habitantes. Me gradué
de la Universidad de Texas en Austin, en mayo de 2020, con

una maestría en Planificación Urbana y otra en Estudios Latinoamericanos, enfocada en la conexión entre el urbanismo y la salud pública. Me encanta todo lo que tiene que ver con la comida y, hasta la fecha, sigo trabajando en restaurantes.

Mariana Suárez

Me gradué en diciembre del 2019 de la Universidad de Texas en Austin y obtuve el título de Relaciones Internacionales. Por ahora estoy en mi segundo año de Leyes en CUNY y planeo trabajar en migración. Estoy entrenando para correr mi primer maratón.

Fátima Valdivia

Soy un *collage* profesional: medio abogada, medio antropóloga y, si todo va bien, medio doctora en Estudios Latinoamericanos a finales del 2022. A veces me dedico a la academia, pero mi corazón está en la promoción y defensa de derechos indígenas en la región raramuri en México, donde he trabajado como abogada e investigadora desde el 2009, y planeo volver una vez que me gradúe del doctorado. Mis *hobbies* favoritos son sacudir las caderas bailando y nadar como si no hubiera un mañana.

Yoel Villahermosa

Soy estudiante de tercer año del doctorado en el Departamento de Español y Portugués, en la Universidad de Texas en Austin. Los videojuegos son mi campo de estudio y uno de mis objetivos es eliminar la controversia asociada a estos productos culturales al demostrar que los objetos videolúdicos tienen la capacidad de emocionarnos, enseñarnos e inventar mundos de la misma manera que lo hace un libro, una película o una canción. Si no me encuentras jugando videojuegos, búscame cerca del mar, escuchando música o practicando deportes.